D1
D2

周末

2 DAYS

48h

小旅行

星行客
PLANET SEEKER

星行客编辑部 著

中国地图出版社
北京

55

黑龙江省 牡丹江市 机车库

180

青海省 海东市　瞿昙寺

97

山东省 威海市　火炬八街

170

陕西省·延安市　甘泉雨岔大峡谷

10

北京市

16

天津市

22

河北省○秦皇岛市

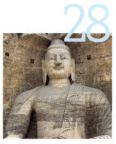

28

山西省○大同市

34

内蒙古自治区○阿尔山市

40

辽宁省○大连市

46

吉林省○延吉市

52

黑龙江省○牡丹江市

58

上海市

64

江苏省○镇江市

70

浙江省○宁波市

76

安徽省○安庆市

82

福建省○泉州市

88

江西省○赣州市

94

山东省○威海市

100

河南省○安阳市

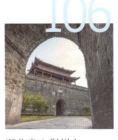

106

湖北省○荆州市

112

湖南省○常德市

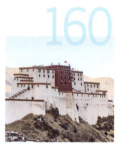

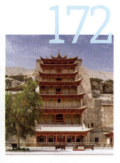

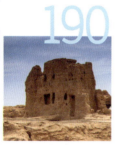

北京市

首都北京是很多人向往的旅行目的地，城内大大小小的景点里总是人潮涌动。如果只有一个周末的时间来北京，可以逛些什么地方呢？不妨跟随这篇"初访北京指南"，在两天时间里快速打卡北京的部分景点，了解"帝都"的深厚底蕴与现代生活。

 DAY 1　1 故宫博物院→ 2 景山公园→ 3 北海公园→ 4 南锣鼓巷→
5 方砖厂 69 号炸酱面

DAY 2　6 老磁器口豆汁店 / 7 尹三豆汁→ 8 天坛→ 9 雍和宫→
10 三里屯

初来乍到，面对城内众多景点，你绝不会忽略这里的精华和中心所在——故宫博物院。故宫占地面积约 72 万平方米，建筑面积约 15 万平方米，有大小宫殿 70 余座、房屋 8700 余间。宫殿历时 14 年建成，动用了超过 100 万工人。

出发前，先在故宫博物院的微信小程序上预约门票及展览门票。故宫整个建筑群分外朝和内廷两部分。从午门进入，依次参观外朝的三大殿：太和殿、中和殿、保和殿，这里是国家举行重要典礼的地方，其中太和殿是紫禁城体量最大、规格最高的建筑。

以乾清门为界，进入内廷，内廷的中心是乾清宫、交泰殿、坤宁宫，是皇帝和皇后居住的正宫。内廷后侧为御花园。御花园内的万春亭和千秋亭内有精美异常的藻井，记得抬头看。

内廷参观还有东西路，内廷西路有养心殿，即皇帝的寝宫，此外西路还有储秀宫和慈宁宫等。内廷东路有钟表馆，以及最具传奇色彩的延禧宫等。参观完可以从东华门（东门）或是神武门（北门）出。

　　景山公园与故宫隔着一条街，如果从神武门出，过马路就能到达景山公园大门。景山是元、明、清三代的皇宫后苑，也是我国历史最悠久、建筑等级最高的宫苑园林之一。进入大门后，跟着人流一路向东走，登山途中你还会路过崇祯皇帝自缢的槐树（非原始树木，为后期重新移植栽种）。

　　景山公园山上五亭横列，从东至西依次为周赏亭、观妙亭、万春亭、辑芳亭和富览亭，登山途中你会遇到其中几座亭子。每到周末，景山公园内不仅有游客，还有放声歌唱、踏青休闲的本地人。一鼓作气登上景山中峰，便能将故宫全景和中轴线风光收入眼底。

　　故宫和景山将会花费你大半天的时间，那么接下来，该找个地方休息一下了。从景山公园南门出，沿着景山前街向西走一会儿，右手边就是北海公园的大门了。北海公园是我国现存历史最悠久、保存最完整的皇城御苑，始建于金人定六年（1166年）。经过近千年的沉淀，北海公园形成了以皇家园林为代表的造园艺术风格。

　　北海公园分为团城、北岸、东岸和琼岛等几个区域。从南门进入便是团城，承光殿是团城的主要建筑，建筑结构别致精巧，内有高1.5米的白玉佛。团城和琼岛之间以永安桥连接，来访的游客很喜爱在永爱桥南以白塔为背景拍照，永安桥和白塔也是"北海"的标志。

　　琼岛的永安寺又名白塔寺，它依山就势而建，高低错落，色彩斑斓。寺内的白塔是典型的覆钵式佛塔，展示的是藏传佛教文化。东岸区域的濠濮间是北海的园中之园之一，乾隆皇帝曾在此园宴请大臣，先蚕坛是祭祀"蚕神"的地方。而北岸区域的静心斋是仿江南园林的经典之作，太湖石假山与亭台轩榭相互辉映，营造出宁静氛围。此外北岸还有中国琉璃建筑

方砖厂 69 号炸酱面（南锣鼓巷店）
地址：南锣鼓巷 1 号
营业时间：9:30—22:00

艺术的精华九龙壁、国内最大的方亭式建筑小西天等。

北海公园还是一处泛舟的好地方。"让我们荡起双桨，小船儿推开波浪，海面倒映着美丽的白塔，四周环绕着绿树红墙……"这首歌唱的便是泛舟北海的场景。北海公园 10 个码头提供了多种多样的船只，电瓶船、脚踏船、手划船、荷花船、仿古船、摇橹船，选一艘你喜爱的船，开启一段难忘的水上之旅！

夜晚到南锣鼓巷感受一下热闹。这条遍布美食和个性小店的胡同已经有 700 多年历史，曾因中间地势高，两边低，形似罗锅而得名"罗锅巷"，后雅化为"南锣鼓巷"。这里有众多名人故居和历史遗迹，齐白石旧居纪念馆、茅盾故居、僧王府……你可以在两边幽静的胡同中走走，也可以随着人流逛一逛特色小店、传统小吃店、艺术工作室等。快走到鼓楼东大街时，直接在方砖厂 69 号炸酱面的店里吃一碗面，结束一天的行程。

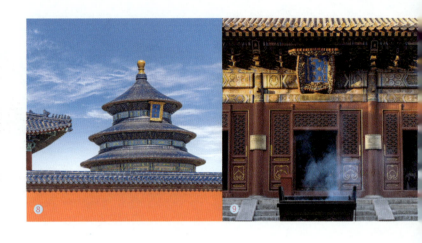

⑧　⑨

　　第二天的行程需要在路上花费点时间。早上先参观天坛，如果你对北京豆汁好奇，可以在天坛北门对面的老磁器口豆汁店或是北边一点的尹三豆汁店尝尝这款北京特产。

　　天坛是明清两代皇帝"祭天""祈谷"的场所，也是世界上最大的祭天建筑群。天坛分为外坛和内坛，主要建筑集中在内坛。外坛种有多棵树木，高大参天，中间点缀着草坪，如今是本地的爷爷奶奶们锻炼健身，年轻人发呆聊天的场所，更像一个大型公园。（如果你来得够早，说不定能看到大爷们的各式绝活儿！）

　　内坛分为南北两部分。北边的祈年殿是游客汇聚的地方，它建于永乐十八年（1420年），后改为三重檐圆殿，殿顶覆盖上青、中黄、下绿三色琉璃，寓意天、地、万物。内部开间还分别寓意四季、十二月、十二时辰以及周天星宿。

　　参观完，从长300多米的甬道丹陛桥前往南边，这里有用于冬至祭天的圜丘坛，可以排队站上中心的圆形石台——天心石，据说人站在天心石上说话，声音特别浑厚、洪亮。南边还有皇穹宇，它是用于平日供奉祀天大典所供神位的殿宇，也是蓝瓦金顶的造型，殿内的藻井精美异常，是古代建筑的杰作。出去之前，可以看看天坛的文创产品，无论是印有龙的冰箱贴，还是祈年殿造型的冰激凌，都很独特。

　　参观完天坛，乘坐5号线一路到

达雍和宫站。如今的雍和宫已经成了年轻人的"许愿场所"，每天都有源源不断的人前往这里拜一拜。雍和宫原为禛贝勒府，雍正在这里度过了几十年时光，乾隆皇帝在此出生，而后升级为清帝行宫，乾隆九年（1744年）"改宫为寺"，是北京唯一被称作"宫"的寺庙，也是皇家礼佛的场所。

雍和宫建筑与故宫一样，为黄瓦红墙，是气派的皇家风格，中轴线上依次排列着大小不等的七进院落与六座主殿。其中法轮殿正中有一尊高6.1米的铜制佛像，这正是藏传佛教黄教的创始人宗喀巴大师。最高建筑万佛阁飞檐三重，殿内巍然矗立一尊弥勒佛，高18米，埋入地下8米。此外还有一尊金丝楠木佛龛，上有99条龙，栩栩如生。

出雍和宫后，乘坐2号线到东四十条站，出站后向东步行，一路经过工人体育馆和工人体育场，前往三里屯。经过三年的升级改造，工人体育场如今已经以新面貌和大家见面。在外面拍完工人体育场后，继续向东，到达三里屯后，开始你的逛吃之旅吧！无论是传统美食还是异国料理，你都有大把选择，此外，精酿、咖啡、鸡尾酒等饮品也是应有尽有。

累了的话就选择坐在店里吃吃喝喝，看霓虹灯闪烁的太古里，如果还有精力，就逛一逛这里的潮牌店或是有趣的艺术小店，切身感受一下北京的"潮"。

天津市

Tianjin

天津东临渤海，北依燕山，自古就是舟车汇集的水陆交通枢纽。凭借其得天独厚的码头属性，天津在近代史上留下了浓墨重彩的一笔。在 600 余年的悠长岁月中，天津形成了中西合璧、贯通古今的独特风貌。如今，狮子桥边的跳水大爷，大马路上的盘头大姨，连同城市中的景点和美食一起，彰显着这座城市的特有魅力。

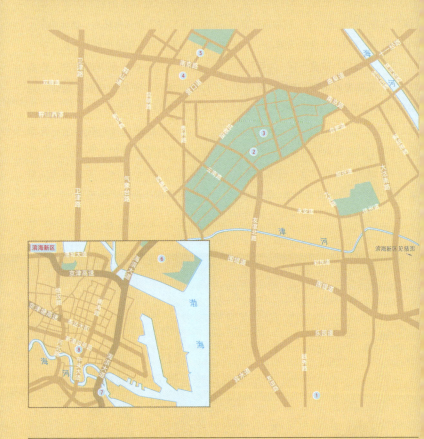

 DAY 1 　① 天津博物馆→ ② 五大道→ ③ 民园广场→ ④ 西开教堂→
⑤ 滨江道步行街

 DAY 2 　⑥ 国家海洋博物馆→ ⑦ 大沽口炮台遗址博物馆→
⑧ 滨海图书馆

周末的早晨，就从一套热气腾腾的煎饼馃子开始吧。这道名扬全国的特色小吃，是以绿豆面糊摊成煎饼后，夹上金黄酥脆的果蓖儿而成。没有五花八门的配菜，只撒一小撮葱花，再抹点儿面酱，吃起来倍儿香。

用过早餐后，不妨先去天津博物馆逛逛。除了欣赏各式珍宝外，逛"天博"的一大乐趣还在于品味天津的"成长史"。

在"天津人文的由来"和"中华百年看天津"这两个常设展览中，你可以深入了解天津是如何从一片不毛之地，发展成四通八达的运河城市，以及一代

又一代仁人志士，是如何在鸦片战争后至中华人民共和国成立的百年间，在津沽大地上进行艰苦探索与顽强奋斗的。那些曲折坎坷的经历，令人心潮澎湃。

从天津博物馆出来，旁边还有天津自然博物馆、天津美术馆、天津科学技术馆等，若"天博"没逛过瘾，不如顺道去这些场馆看看，尽享文化之旅的乐趣。

逛完馆差不多到了午餐时间，正好去享用一顿地道的天津菜。八珍豆腐不光豆腐炸得外酥里嫩，配菜更是"珠光宝气"——蹄筋、刺参、干贝、虾仁、

鱿鱼、鸡丁、玉兰片、香菇……吃起来汁浓味美，一口满足。此外，老爆三、红烧牛窝骨、独面筋等，也都是经典中的经典，吃起来个顶个下饭。

吃饱喝足后，就去五大道走走吧。这片由马场道、睦南道、大理道、常德道、重庆道五条主道路组成的街区，拥有不同国家建筑风格的小洋楼2000多座，漫步其中，可以尽享异国风情和浪漫。街区面积很大，推荐骑车或是乘坐三轮车。

街区内有一幢几乎全部由瓷器拼贴而成的四层法式小洋楼，那便是瓷房子。打卡拍照后，沿途还会经过许多名人故居，无须刻意寻找哪一幢，因为整个街区都是老旧建筑群。漫不经心地闲逛，或许会有不期而遇的惊喜。

如果逛累了，可以到民园广场小憩。坐在台阶上晒着太阳，看着远处绿茵茵的草坪和华美的欧式建筑，恍若置身于罗马斗兽场，非常出片。

从民园广场步行10多分钟可到达西开教堂。这是天津最大的天主教堂，建筑主体由红黄色花砖砌成，再配以翠绿色圆顶。室内为八角形穹隆顶，侧窗嵌有华丽的彩绘玻璃，看起来富丽堂皇。到了夜晚，教堂在灯光的映射下更是美轮美奂。

从教堂出来，正好可以到滨江道步行街上逛吃逛吃。这是天津最为繁华的商业街之一，汇聚了各大购物中心和小吃摊位，足够让人大饱口福。

⑥

第二天的行程不妨安排在滨海新区。首先可以参观国家海洋博物馆⑥，它不仅是天津滨海新区的文化地标，也是中国海洋事业的文化里程碑，有"海上故宫"的美誉。

"海博馆"的外观酷似"飞鱼入海"，场馆总建筑面积8万平方米，

共设6大展区、15个展厅，有大量精美标本。在这里，你可以深入探索大海的神秘与浪漫，也可以在"海洋灾害体验厅"身临其境感受台风、海啸的威力。注意一定要预约参观。

徜徉完"海博馆"，可以去看看大沽口炮台遗址博物馆⑦。这里曾是第二次

鸦片战争期间战斗最为惨烈之地，如今的炮台遗址便是近代列强侵华与中华民族抗御外侮的铁证。博物馆分为序厅"京畿海门""沽口御侮""国门沦陷"等几个部分，一张张被毁建筑遗存图片，各种铁炮、火炮等陈列品，无不在诉说着久远而悲壮的故事。

参观完炮台，驱车10多分钟便可到达有"最美图书馆"之称的天津滨海图书馆。馆内一层层白色的阶梯呈波浪状铺开，阶梯之上层层叠叠的书架远看仿佛起伏的海浪，知识的海洋在这里变得具象化，看起来伟大且神秘。享受阅读之余，拍照打卡也很出片。

河北省○秦皇岛市

滨海沙滩、沙丘、滩涂湿地和原生林地，加上品质在线的食堂、酒吧、酒店，让秦皇岛市北戴河的阿那亚黄金海岸社区成为华北地区极受欢迎的周末度假地。每年阿那亚还会举办各类音乐节、戏剧节、文学节等活动，让周末时光多了创意和美好。

 DAY 1
① 孤独图书馆→ ② 阿那亚礼堂→ ③ 北 27 號 · 黄河入海→
④ UCCA 沙丘美术馆→ ⑤ SQUARE by The Pizza Show· 披萨秀→
⑥ naive 理想国

 DAY 2
⑦ 阿那亚艺术中心→ ⑧ 海边市集（小镇广场店）→
⑨ Restaurant y SEA → ⑩ 单向空间→ ⑪ 海边电影院→
⑫ 海风酒吧 Breeze Bar

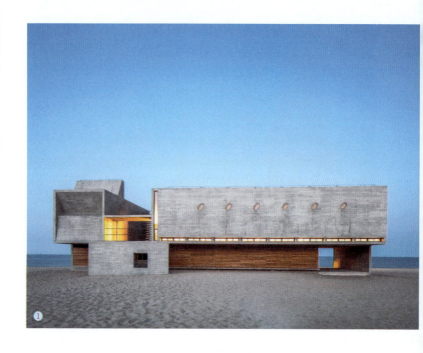

①

孤独图书馆又称三联书店海边公益图书馆，是阿那亚的地标建筑。两层楼高的灰色建筑，孤独地矗立在北戴河金黄的沙滩上。图书馆由建筑设计师董功设计，主要理念在于探索空间的界限、身体的活动以及光线氛围的变化，这里也是社区内的阅读空间以及文化艺术类活动的举办地。

离孤独图书馆不到 300 米就是阿那亚礼堂。从高空俯瞰，这栋白色建筑犹如一只白色的帆船，在海边整装待发。走进礼堂能感受到室内柔和的光线，从墙体之间的缝隙渗入内部的自然光，使礼堂内部显得幽暗深邃，特别适合冥想和思考。礼堂也是社区音乐会、艺术展的举办地。

阿那亚汇聚了各类优质美食。午饭时可以散步至安澜酒店附近的北 27 號·黄河入海，吃一顿地道的西北面食。兰州小吃、烧烤、小菜、酿皮子、手工揪面都是招牌菜，不过饭点很可能排队，最好早点来。

饱腹后漫步至海边的 UCCA 沙丘美术馆。这个形如神秘洞穴的美术馆隐于沙丘之下，由 OPEN 建筑事务所主持设计，是国内独立艺术机构 UCCA 尤伦斯当代艺术中心的第一个分馆，常年举办一系列富有特色的艺术展览，每年还会推出注重与在地环境相关的展览。

傍晚时分，到氛围轻松的 SQUARE by The Pizza Show·披萨秀饱餐一顿。

这家餐厅的"招牌至尊披萨"和"芝士培根薯条"都值得一试。餐厅就位于小镇广场，位置也很便利。

在阿那亚的夜晚，不喝点小酒实在可惜。naive 理想国是一家集咖啡、酒吧、书店为一体的综合实体空间，这里的咖啡特调和鸡尾酒都是用理想国品牌的书，或根据看理想的节目调性来设计、命名的。不如取一本书，然后边喝小酒，边沉浸在阅读的美好氛围里。

北 27 號·黄河人海
地址：二号路阿那亚社区邻里中心商圈
营业时间：周一至周五 11:00—14:30，17:00—20:30；周六至周日 11:00—21:00

SQUARE by The Pizza Show·披萨秀
地址：昌黎县四期小镇广场 1 号楼底商
营业时间：11:00—22:00

naive 理想国
地址：滨海新大道阿那亚文创街区 6 期 14 栋 101
营业时间：9:30—1:00

⑦阿那亚艺术中心由建筑设计师锡恩和胡如珊夫妇设计，他们把对建筑、大海、生活的丰富感受融入其中。艺术中心位于小镇广场，与周围的建筑组成有机的整体。建筑独特的立面设计、镂空的窗户、底部露天的圆形剧场，都让人沉浸于艺术的体验中。这里也是展览、戏剧、各类艺术活动举办和交流的场所。

同样位于小镇广场的海边市集（小镇广场店），供应新鲜的蔬菜水果、海鲜鱼肉、零食饮料，如果你想在民宿大显厨艺，就可以来这里挑选食材。周末或是圣诞等节日期间，市集门口会聚起各色小摊和餐车，贩卖有意思的酒水饮料、异国美食和手工艺品。

中午前往地中海风情餐厅Restaurant y SEA，这里坐拥美丽的海边景色，度假氛围浓郁。智利战斧牛排、生蚝拼盘、墨鱼汁海鲜饭、蒜香黑虎虾等精致的菜肴一定能满足你的味蕾。

单向空间阿那亚店是阅读爱好者的天堂，书店由日本设计师青山周平操刀设计，灰色的主色调为书店增加了恬静温暖的氛围。在这里喝杯咖啡，翻翻喜欢的艺术、文学书籍，是度过周末午后的最好选择。

书店附近的海边电影院可以让电影爱好者一饱眼福，这家电影院浸染着浓郁的艺术格调，共有 6 个影厅，除了院线热映电影，偶尔也有艺术电影的排片和放映。

在阿那亚的最后一个夜晚，不妨选择礼堂附近的海风酒吧 Breeze Bar。店内的复古设计和爵士、乡村音乐会让你回到 20 世纪。酒吧提供烧烤、西餐、鸡尾酒、啤酒和咖啡，餐厅外的露台最适合在夏夜吹着海风，对着夜色中的大海发呆。

Restaurant y SEA
地址：滨海新大道阿那亚社区孤独图书馆对面
营业时间：11:00—21:00

海风酒吧 Breeze Bar
地址：阿那亚礼堂南 200 米
营业时间：11:00—24:00

山西省〇大同市

Datong

大同，一座名字里自带豪迈与威严的城市。历史上，它贵为北魏的都城平城，又曾作为辽、金的陪都西京。20 世纪 80 年代，它又成为山西省最早的国家历史文化名城。"煤都"的称号是光环，却也曾让不少旅行者对它心存芥蒂。好在今天的大同早已是水秀山清，旧貌换新颜。除了拥有骄傲的历史，这里好玩、好吃的也着实不少，而最吸引人的标签莫过于——夏天很凉快！

🕐 **DAY 1**　①云冈石窟 → ②老柴削面 → ③古城墙 →
　　　　　　④紫泥 369 粗粮季 / ⑤龍聚祥烧麦馆

🕐 **DAY 2**　⑥悬空寺 → ⑦大同市博物馆

出发前，记得把酒店选在市中心的古城墙附近，这将极大方便行程。

第一站前往距离古城墙仅十几公里的云冈石窟。石窟东西绵延约 1 公里，现存主要石窟 45 个，大部分完成于 5 世纪末。若每个石窟都仔细游览，可能要一整天。若只挑重点，两三个小时即可返程。有 3 个石窟不可错过：最大的第 3 窟，原设计为大型塔庙石窟，终北魏一代都未完成；最美的第 6 窟，现存佛像 2900 余尊，是云冈石窟设计最完整、内容最丰富、雕刻最精细的洞窟；最有名的第 20 窟，也是云冈石窟的形象代言人——13.7 米高的露天大佛。

从云冈石窟返回市区，在老柴削面（向阳里店）吃午饭。这家店开到凌晨 2 点，口碑经出租车司机口口相传。花上不到 20 元，你就能美美地享用最正宗的大同刀削面。胃口好的话，再加点鸡腿、鸭头、烧肉或是丸子、卤蛋、豆腐干，量大又好吃。

余下行程都在古城墙进行。大同古城墙为周长 7.2 公里的正方形，每边各建一座城门，出入很方便。城墙区域内古建众多，如拥有中国最大佛殿的华严寺（靠近西门清远门）、体积是北京北海九龙壁三倍大的大同九龙壁（靠近中央的鼓楼），以及保存最完整的辽金寺院善化寺（靠近南门永泰门）等，都和云冈石窟一样是全国重点文保单位。游览完毕，去鼓楼边的紫泥 369 粗粮季或龍聚祥烧麦馆吃晚饭。等过了晚上 7 点，南行至永泰门，登上城墙，租自行车（单人至六人都有）绕行一圈，夏日时分还能在凉风中欣赏夜景。

老柴削面（向阳里店）
地址：永泰南路与向阳街交叉口北 50 米路东
营业时间：6:00—2:00

紫泥 369 粗粮季（鼓楼店）
地址：鼓楼西街 13、14 号商铺（近鼓楼）
营业时间：10:30—14:30，17:00—21:30

龍聚祥烧麦馆（鼓楼店）
地址：鼓楼西街与永泰街交叉口西北角
营业时间：10:30—22:30

⑥

北岳恒山和悬空寺是同一景区的两个景点，两者位于大同市郊的浑源县，距离古城墙约85公里，路况畅通时驾车往返也要2.5—3个小时。一日游的话，只玩风景更加奇绝的悬空寺就够了。

悬空寺位于恒山第二主峰翠屏峰，主体是两座三檐歇山顶主殿，两殿间用又窄又陡的悬梯连接，下方由木柱支撑，凌空30多米，一眼望去，如同踩着高跷立在山体上——"悬空寺，半天高，三根马尾空中吊"形容的就是此番景象。即便如此"凶险"，大多数人还是愿意多花100元登临费（门票只要15元）试试胆量。不过要是恐高或者只想发朋友圈的话，不如省去登临费，只要在下方步道找好角度，就能把悬空寺全貌以及题有李白"壮观"二字的石刻一并纳入镜头。

出悬空寺景区返回市区前搜索一下附近的凉粉店。浑源县的凉粉很有名：凉粉软嫩，质感似猪皮冻，浇上酥大豆、豆干和辣椒油，滋生出无限香辣。在店里点上一大碗凉粉，解暑又去燥。

回到市区，走进大同市博物馆躲避午后艳阳。历史上的大同贵为"三代京华，两朝重镇"，它是北魏的都城、辽和金的陪都，也是明清时期中国北方的军事要地。以此为主题，博物馆设有"沧桑代地""魏都平城""辽金西京""明清重镇"4个历史陈列，展品以精品陶瓷、雕塑为主，此外还有"大同恐龙""梵语清音"以及最为特别有趣的"非洲木雕艺术"等专题展，足够你逛到下午5点闭馆了。

内蒙古自治区〇阿尔山市

阿尔山不是一座山，而是一座位于大兴安岭腹地的小城，这里草原与林海相依，高山湖泊与火山遗迹相融。阿尔山不仅隐世而独立，还拥有极致的秋色。不如周末来此打卡，欣赏"秋日大片"。

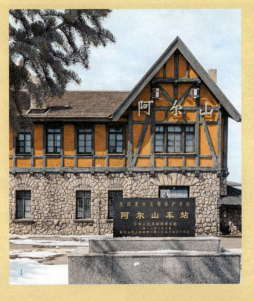

1

2

DAY 1 ① 阿尔山火车站→ ② 阿尔山国家森林公园

 DAY 2 南线：③ 南兴安碉堡→ ④ 白狼峰景区
北线：⑤ 玫瑰峰→ ⑥ 阿尔山口岸

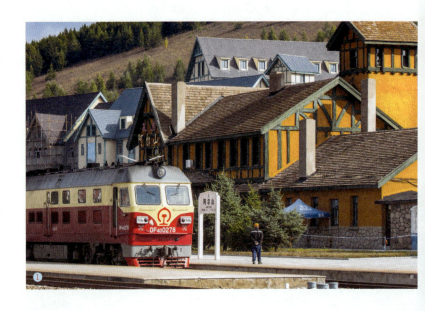

前往阿尔山国家森林公园之前，一定要去看看建于 1937 年的阿尔山火车站。车站是一座东洋风格的低檐尖顶二层日式建筑，作为日本关东军侵占阿尔山的遗址，它承载了屈辱的历史，却仍只是默默矗立。如今保存完好的火车站仍在使用中，镶有绿框的暖黄色墙体格外淡雅别致。

森林公园是游览阿尔山的重头戏。公园成立于 2000 年，位于大兴安岭西南麓，为火山熔岩地貌，拥有高位火山口湖、熔岩堰塞湖以及多姿多样的地貌，同时野生动植物资源也很丰富。

秋日游览阿尔山国家森林公园 ②，你会见到天水一色的景观，一览北国的秋日浪漫。

可以在大门口购买景区和观光车门票，自驾不如乘坐观光车方便。乘观光车可以游览大部分景点，从总站出发，分为上行和下行。上行会依次路过石塘林、杜鹃湖、驼峰岭天池和大峡谷等景点，下行则是三潭峡、地池和天池山。

> 注意！不要一口气坐到大峡谷再想着乘坐下行车慢慢游玩，因为下行车基本只停在出口，如果想玩到大部分景点的话，在上行时就在对应的车站下车！

石塘林因火山熔岩上长着茂密的林丛，并分布着众多的池塘而得名。石塘林是由火山喷发后的岩浆流淌凝成，经过千年风化和流水冲刷，形成了如今的地貌，远远看去犹如波涛汹涌的熔岩海洋。

更奇特的是，熔岩缝隙中还长满了苔藓和四季常青的偃松，就连兴安落叶松粗壮的盘根也紧紧抱住火山岩，让人不禁感叹，好一幅石林画卷！

同样是火山喷发后形成的还有杜鹃湖，这处堰塞湖因周围开满杜鹃花而得名。秋天，杜鹃湖碧蓝出尘，周围层林尽染，满山金黄，水面随风荡漾，湖岸岩石的奇形怪状也让人啧啧赞叹。

从杜鹃湖继续乘坐观光车，就能到达阿尔山国家森林公园的精华——驼峰岭天池。它是整个阿尔山天池群中最大、水位最深的一个，因远看像一峰俯卧的骆驼而得名。

花半个小时攀登数百级台阶后登上山巅，眼前豁然开朗。碧蓝的天池水波不兴，四周山峦起伏，树木成荫。秋日的驼峰岭更是满目金黄，还有铁红色的叶子、洁白的桦树、茶青的苍松点缀其间。

观光车最后会到达大峡谷。大峡谷主体为火山熔岩断裂带，由更新世火山喷发的玄武岩岩流，经千百年的水流侵蚀后形成。谷中怪石嶙峋，两侧山峰陡峭，山泉涌出后形成的河流从峡谷底流过。夏日冰川退场后，火红的树叶便会登场，明亮又鲜艳。

④

第二天的行程可自行选择，向南游览以南兴安碉堡、白狼峰景区为重点，向北则游览玫瑰峰和阿尔山口岸。如果想南北贯通，那只好多请一天假啦！

阿尔山市区南边 50 公里车程处，便是南兴安碉堡③，碉堡位于隐藏在葱郁树木中的南兴安隧道旁边。南兴安隧道是内蒙古最长的铁路隧道，于 1937 年完工。直到现在，这条隧道仍是从乌兰浩特进入阿尔山地区的唯一铁路通道。

碉堡有地上四层（最顶层为瞭望楼），地下两层，当时是用来监视隧道情况的。日本侵略时期，日本人通过这条隧道所在的铁路线疯狂掠夺资源。碉堡内分布了宿舍、弹药库、仓库、锅炉室和发电室，甚至还有水井和连接铁路隧道的通道。碉堡如今还是爱国主义教育基地，参观这里的同时也在提醒自己不忘国耻。

从南兴安碉堡向西北不远，就是白狼峰景区④。自驾或乘景区吉普车都可游览，不过山间小路又陡又窄，弯道众多，自驾一定要注意安全。一路穿行在林间，最后到达半山腰的观景平台，从这里如果还要继续向上自驾的话，要格外小心。

前往峰顶也可以选择步行爬台阶。白狼峰景区的日出和云海非常有名，就算没有看到，从峰顶看去，浩瀚的林海也很赏心悦目。

北线的精华之一是玫瑰峰，它是一处由十余座石峰组成的山石景区，属典型花岗岩石林地貌。石峰错落有致，巍峨壮观，因石峰大部分呈红褐色，因此得名"玫瑰峰"。从山下仰望，各种形状的山峰给人以无限遐想，山上还有一块圆石似从天边飞来，让人产生风吹便能晃动的错觉。

另一处精华景点是阿尔山口岸国门景区，阿尔山口岸与蒙古国隔河相望。在大门口购票后，乘坐景区大巴进入，在"祖国在我心中"石碑处，以国门为背景拍照，随后到达新建成的1382驿站，拍一下对面蒙古的国门。这里还有中国地图，你可以选择自己所在省份拍照，拍完到商店里买一些文创也是不错的选择。

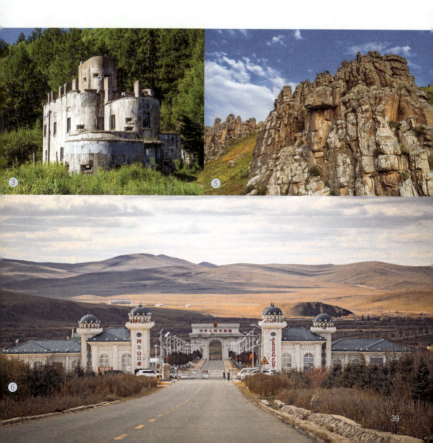

辽宁省〇大连市

Dalian

大连，这座面朝大海的城市气候舒适，可谓冬无严寒、夏无酷暑，加上景色优美，城市里时常人潮涌动。抽出一个周末沿着大连的海岸线，一一打卡碧水蓝天、欧式建筑或是历史遗迹，相信你一定能找到这座东北城市深受旅行者欢迎的原因。

DAY 1 · 1 星海广场 → 2 大连森林动物园 → 3 莲花山观景台 → 4 傅家庄公园

DAY 2 · 5 老虎滩海洋公园 → 6 渔人码头 → 7 海之韵公园 → 8 中山广场

①

第一站来到大连的城市标志——星海广场①，它号称"亚洲最大的城市广场"，拥有美丽的海景和迷人的夜景。这里原是一处废弃盐场，为了庆祝香港回归而进行改造。

广场中间的道路和草坪是当地人休闲的好去处，城雕旁素描的青年、草坪里放风筝的小孩、前来观景的游人，散落在广场上，氛围悠闲惬意。

星海广场的南侧就是大海，你可以在这里欣赏海景，投喂海鸥。你只需往天上扔食物，海鸥们自会飞来叼走，有些懒得飞又想吃的会落在地上冲你叫，甚至有个别的还会打架，颇为有趣。

每年4月至10月的19:30开始，星海广场会有音乐喷泉表演。喷泉与周边高楼、广场灯光以及星海湾大桥灯光秀互动，璀璨迷幻。最特别之处在于它除了有正常的灯光配合，还有火焰效果，完美诠释了什么叫作"水火相容"。

从星海广场向东，就是大连森林动物园②。园区依山而建，风景秀丽，饲养着200余种、3000多只动物，分为圈养区和散养区，可以和动物近距离接触的散养区，格外受小朋友们欢迎。

不过要说到大连森林动物园的"顶流"，不得不提熊猫馆的三只大熊猫——飞云、金虎和妙音。尤其是有着"萌妹脸"的飞云，被宠爱它的粉丝们亲切称为"绝世美女熊"。

参观完大连森林动物园，从南2门停车场对面可以看到莲花山观景台步行入口，步行或是乘坐摆渡车就能到达观景台。从观景台俯瞰，大连港的客轮、星海湾与蜿蜒的跨海大桥都被收入眼底。

观景台上有一座咖啡厅，靠窗的景观十分美，可以一边啜饮咖啡等饮品，一边欣赏海景。下山的时候建议乘坐面朝大海的海达索道，可以一直坐到南门。

第一天行程的最后，到市区最受欢迎的海水浴场之一傅家庄公园看看。这里虽然沙滩质量一般，却有很多礁石，海水也很干净。公园后长达3.5公里的栈道时而临海，时而隐没于林间，你还能在这里欣赏到悬崖礁石景观，伴随着落日，度过一个悠闲的傍晚。

⑤

在大连，除了看海，怎么能不逛一逛海洋公园。老虎滩海洋公园⑤位于大连南部海滨的中部，有 4000 余米的曲折海岸线。公园有展示极地海洋动物的极地馆、展示珊瑚礁生物群为主的珊瑚馆、全国最大的半自然状态的人工鸟笼鸟语林，还有展示野生海象、海狮、海狗群居生活的海兽馆等。此外，海洋公园还有全国最长的大型跨海空中索道和大连南部海滨旅游观光船。

你可以隔着玻璃与北极熊、企鹅、海狮、鲸鱼等互动，特别有趣。节假日上午有工作人员喂食表演。极地馆还有特别出片的海底隧道，别忘记和水中的鲨鱼来个亲密合影。

从老虎滩海洋公园向南驱车约 1.4 公里到达菱角湾，这里并不是要游览的地方，而是一处绝佳的拍摄地点。在菱角湾停车场，能看到海对面的渔人码头⑥。蓝天碧海和起伏的山峦作为背景，一栋栋彩色房子随着长长的海岸线一字排开，海面上还点缀着渔船、海鸥，唯美浪漫。感兴趣的话也可以驱车到渔人码头，走到彩色房子前仔细浏览。

从渔人码头乘坐地铁 2 号线至海之韵站，就能到达下一站海之韵公园⑦。海之韵公园原来叫作东海公园，位于大连海滨风景区的最东部，两面临海，北与大连市中山区相接，西南部为棒棒岛景区。公园海岸线长达 1200 余米，是以山峰、森林、碧海、草地等为主要自然景观的海滨公园。

从公园北门进入后没多远就是十八盘，盘旋的道路两旁是陡峭的悬崖，悬崖上还有很多海洋生物的雕塑，像海底世界一样。海之韵公园里还有一处怪坡，上坡比下坡轻松，原因众说纷纭。

公园最热门的便是晨曦海滩，你可以根据体力选择不同路线前往。沙滩的岸边是悬崖和散落的巨石，海水撞击岩石，激起层层白浪，气势磅礴。整个公园占地广阔，游览颇费体力，却是观海、爬山、健身、徒步和钓鱼的绝佳好去处，不如花点时间，感受一下大自然的馈赠。

参观完海之韵公园，今天的最后一个目的地，是位于中心城区的中山广场。这是大连历史最悠久的广场，周边的历史建筑诉说着众多故事。有绿色穹顶的拜占庭式建筑，曾是由日本建筑师设计的横滨正金银行大连支店，如今则是中国银行大连市分行。还有由苏联设计师设计的人民文化俱乐部，这座新古典主义风格的建筑是中山广场老建筑中最后落成的一座，如今也是大连重要的演出场所。

吉林省○延吉市

作为延边朝鲜族自治州的首府，延吉市会带给旅行者出境游般的感觉——招牌、菜单、公交站牌上都有醒目的朝鲜文，餐馆的店员也会用"阿尼哈塞哟"打招呼。你会恍惚觉得自己走进了韩剧中的小镇。

延吉的景点并不多，但是千万不要小瞧这座边疆小城，它的繁华与时尚会让你震惊，消费更是比省会长春还要高。夕阳西下，布尔哈通河两岸灯火通明，不妨出来看看夜景。

DAY 1 ① 水上市场→ ② 帽儿山→ ③ 银浦洗浴→ ④ 顺姬冷面

DAY 2 ⑤ 中国朝鲜民俗园→ ⑥ 西市场→ ⑦ 延边大学→ ⑧ 全州拌饭

在延边的第一天就从一顿丰盛的早饭开始。水上市场是位于河边的农贸市场，有浓厚的生活气息，不妨尝尝美味的米肠、打糕或是汤饭，打糕基本都是现做的，新鲜的米酒可以免费品尝。品尝朝鲜族特色美食之余，不妨看看市场内售卖的朝鲜族特产和长白山山货，如林蛙、人参、灵芝等。

吃饱喝足就有体力运动一下了，形如其名的小山帽儿山是个不错的选择，这里是延吉人的休闲乐园。穿过虎雕广场，沿台阶登高，可以抵达山顶的观景台，看朝阳川机场的飞机起落。这里的植被主要是白桦树、杨树和蒙古栎，夏季郁郁葱葱。帽儿山并不高，学着当地人的样子，带上紫菜包饭来野餐一顿吧。

下午去体验一下韩式汗蒸，分店众多的银浦洗浴是延吉洗浴行业的龙头。记得把毛巾卷成韩剧里的羊角浴帽，更有氛围。如果愿意，这里还可以过夜。

汗蒸完了必须来碗冷面！顺姬冷面的荞麦冷面和锅包肉都很不错，喝着带冰碴的冷面汤最能解暑。

银浦洗浴（长白路店）
地址：长白山路
营业时间：全天

顺姬冷面（延大店）
地址：公园路与园川街交会处西100米
瑞升商住楼3层
营业时间：9:00—20:30

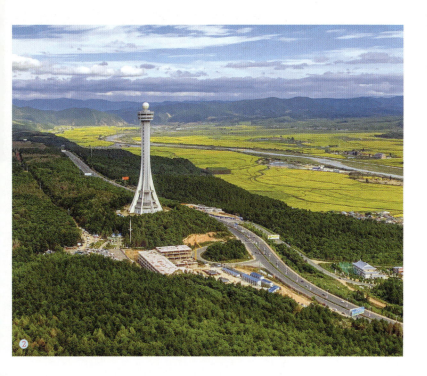

⑤

　　中国朝鲜族民俗园⑤建于 2012 年，包括传统饮食体验区、传统民宿区（官衙）、百年老宅体验区、传统体育演艺区、传统文化展示区等 5 个区域，是展现中国朝鲜族民俗文化的一个重要平台。想要去民俗园拍韩式美照的就早点来吧，可租的衣服会多一些。这里的化妆师每天接待客人众多，手法纯熟，大可放心。

如果你的同行旅伴有高超的拍摄技术，不请摄影师也无妨，花销不过三四百元。

　　拍完美照就去购物。共有 5 层的西市场⑥是延吉的传统商业中心，店铺五花八门，可以在这里采购特产食物：米酒、米肠、明太鱼干、酱料、打糕……应有尽有，不用担心不能带走，西市场甚至还有官方商城，购买后可邮寄到家。

网红弹幕墙就在延边大学 ⑦，下午来此打个卡。但是记得注意车流，不要影响交通。这所大学创办于中华人民共和国成立前几个月，是最早在少数民族地区建立的高校之一。大学依山而建，建筑或多或少融入了朝鲜族元素，很适合闲逛。晚上霓虹灯亮起来的时候，弹幕墙上大大小小的招牌很是出片，伴随着音乐，充满异国情调。

晚餐不要错过全州拌饭 ⑧，不过可能等位严重，可以考虑错峰就餐。石锅拌饭、烤猪肉拌饭、八爪鱼拌饭、蔬菜拌饭——总有一款能满足你的味蕾。

全州拌饭（参花街总店）
地址：参花街 142 号
营业时间：7:00—24:00

黑龙江省〇牡丹江市

"谁在门外唱那首牡丹江"一曲轻轻吟唱，揭开了黑龙江东部最大的交通枢纽城市的面纱。若对牡丹江还有些陌生，说起"中国雪乡"，便能立刻知道，这个银装素裹的地方是冬季绝佳赏雪地之一。但其实，除了中国雪乡，牡丹江还有中国最大的火山熔岩堰塞湖，以及最近社交媒体上的冬季明星目的地——横道河子。不如让我们一路向北，走进牡丹江。

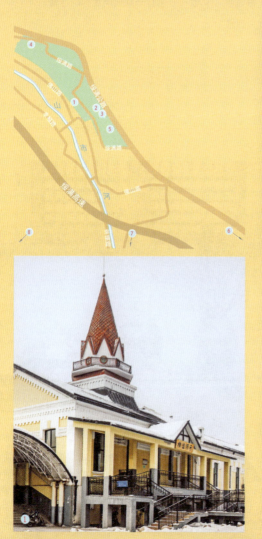

DAY 1
1 横道河子火车站→ 2 俄罗斯老街→ 3 圣母进堂教堂→
4 机车库→ 5 油画村→ 6 横道河子东北虎林园

 DAY 2
7 镜泊湖风景区→ 8 雪乡

曾在网络上因雪景而大火的横道河子可谓是一座东北"宝藏小镇"。这个小镇隶属于黑龙江省牡丹江市海林市，距离牡丹江市区约65公里车程，离哈尔滨约280公里车程。

镇子不大，周围山峦叠嶂，远离城市喧嚣。然而历史上的横道河子，却是中东铁路上的重要枢纽，甚至就是因这条铁路才存在，被称作"火车拉来的小镇"。

中东铁路的兴建为横道河子带来了发展机会。俄国人涌入这里，街道的布局、住房、军营、教堂等建筑一律为俄式风格，有200多处。如今这些老建筑都分布在铁道北部，可以步行参观。

第一站从"全国最美火车站"的有力竞争者——横道河子火车站开始。红色哥特式尖顶塔楼、对称的旋转式楼梯、斑驳的铁轨、掉漆的老站台……这座曾出现在电影《悬崖之上》《智取威虎山》中的火车站因年代感和文艺感，迎来打卡的人群。

如果觉得照片拍得意犹未尽，就沿着铁路向西北行，找到机车库南边的一个铁道口，这里更为出片。大雪过后，站在黑黄相间的限高杆前，将飞驰而

过的火车、老旧的信号灯和交通亭一起纳入镜头，颇有拍电影的感觉。

拍完照好好逛一逛俄罗斯老街。街两旁都是俄式木屋和石屋，据统计，小镇共有俄式建筑 256 栋，是中东铁路沿线俄式建筑遗存最多、保存最完整的一个小镇。沿着老街走，高坡上的一座木质教堂格外显眼，这便是圣母进堂教堂，教堂如今是中东铁路博物馆的一个展区。沿着花海簇拥的阶梯木栈道走进墨绿色铁栅栏围成的院子，近距离欣赏教堂。教堂始建于 20 世纪初，是俄式传统井干式木结构，墙体全部用原木卡嵌叠加而成，窗型高大，门楣、窗楣图案精美。室内主要展陈中东铁路历史建筑图片、中东铁路历史资料及实物等。

中东铁路博物馆的另一个展区是有扇形外观的机车库，从高处俯瞰就好似一把巴扬琴。在一片沉闷的钢筋水泥中，黄色的机车库格外亮眼，中间穿插着黑色的车库大门，恢宏庄严，远观极具艺术感。

横道河子另一处俄式风景集中的地方就是油画村，油画村前身是铁路卫生所，主体建筑为 20 世纪 30 年代的俄式石屋。油画村内部包括油画展厅、画家接待中心、创作室三大主题空间，精美的油画展示了这里丰富的文化内涵。

行程的最后，前往横道河子东北虎林园，这里是世界上最大的东北虎饲养繁育基地，共饲养繁育了 1000 多只东北虎。你可以近距离观察东北虎，看它们在雪地上打滚、抢食，或者在笼子里跟着人跑来跑去。东北虎在冬季毛皮增厚，黄色和黑色的条纹在白雪的映衬下十分好看。东北虎林园还会定期对老虎们进行野化训练，以保持这些猛兽的弹跳能力和灵活性。

⑦

第二天前往镜泊湖风景区⑦，距离牡丹江市区约 1 小时车程。

一万多年前，历经三次火山喷发，熔岩阻塞了牡丹江古河道，形成了如今中国最大的熔岩堰塞湖——镜泊湖。夏秋时节，可以欣赏景区内位于长湖北端的吊水楼瀑布。这是黑龙江第一大瀑布，幅宽约 40 米，落差 20 米，若遇到三面溢水可谓不虚此行；日落时分，瀑布染上霞光，更是美不胜收。

冬季，瀑布则化身壮观的冰瀑，同样给旅行者以震撼。

另一处冬季限定风光就是雾凇景观大道上的雾凇。在冬日暖阳下，漫步在银装素裹的洁白世界，如入仙境。1 月中下旬，还能乘坐观光车到山庄码头冰面，坐上雪圈去看冬捕，感受渔民的辛劳，看完可以尽情在冰面上玩耍。

参观完镜泊湖，行驶约 1.5 小时，就到了牡丹江的明星目的地——雪乡。

"冬季到雪乡来看雪"这句口号可谓是家喻户晓,而真正置身这片洁白中时,你才会明白"童话世界"的称号当之无愧。

雪乡旅游风景区别名双峰林场,坐落于长白山脉张广才岭与老爷岭的交会处。冷空气与暖湿气流频繁交汇,加上山高林密的小气候,造就了这里"夏无三日晴,冬雪漫林间"的奇特景象。积雪不仅厚度可达2米,还形状各异,如奶油蛋糕,如蘑菇,生动形象。

在中国雪乡大石碑拍照留念后,逛一逛雪韵大街,街边矗立着木制平房,屋檐下挂着红灯笼。赏景之外,当然还要尝尝东北特色小吃——冻梨、冻柿子、黏豆包、冰糖葫芦等,样样美味。晚上沿着观光栈道登上观景台,看看被白雪覆盖的村庄,景区内还有花车巡游、东北大秧歌、雪地蹦迪等特色娱乐活动,热闹非凡。

上海市

Shanghai

十里洋场的旧日曲调仿佛仍回荡耳畔，层出不穷的摩登大楼又不断刷新着城市天际线。时尚、开放、怀旧、腔调……这些都是上海的关键词。从气派万千的外滩、新天地，到惬意文艺的武康路、徐家汇，用一个周末的时间将这座国际大都市的精华看点收入囊中。

DAY 1

① 人民广场→ ② 上海博物馆→ ③ 新天地→ ④ 苏州河→
⑤ 外白渡桥→ ⑥ 南京东路

从市中心的"大客厅"人民广场① 开始探索。这处园林式广场由租界时代的"远东第一跑马厅"改建而来，周边矗立着市政大厦、上海博物馆②、上海大剧院、国际饭店等著名建筑。你可以在点缀着绿植和喷水池的广场上悠游片刻，而后步入形似一尊青铜鼎的上海博物馆，在此瞻仰顶级的中国古代艺术藏品。

之后朝西南方向继续步行约1公里，到达海派时尚的经典象征——新天③地。街区里的一栋栋石库门建筑让人仿佛回到20世纪初的上海，建筑内部的各式餐厅、酒吧、精品店和画廊则充满当代摩登气息。不妨在优雅的巷弄里走走，挑一家餐馆品味佳馔，还可以顺道参观坐落于此的典型石库门风格建筑——中共一大会址。

沿着上海的母亲河苏州河向东漫④行。从西藏路桥⑤到外白渡桥的约2公里路段内分布着诸多重要的历史建筑，譬如四行仓库旧址、上海总商会旧址、

❷

③

②

邮政博物馆等，新近改造后的滨水空间增添了不少景致优美的公园和观景平台，以供游人随时休憩。

有百年历史的钢铁桥梁外白渡桥堪称老上海电影里的宠儿，苏州河流经此地后汇入黄浦江，此桥以南 1.5 公里长的江畔路段便是外滩：先在江河交汇处的黄浦公园眺望一下东方明珠塔领衔的陆家嘴风光，而后从极富文艺气息的外滩源街区开始，一路欣赏气势恢宏、风格各异的"万国建筑博览群"——著名建筑包括曾号称"从苏伊士运河到白令海峡最华贵的建筑"的汇丰银行、拥有"亚洲第一大钟"

的海关大厦、"外滩第一楼"亚细亚大楼等。

外滩的大楼里开有一些可观赏到黄浦江两岸风光的餐厅，是享用晚餐的不错选择。POP 露台餐厅、Da lvo 意大利魔镜餐厅都提供雅致的环境和优越的景观，人气很旺，记得尽早订位。

饭后不如去南京东路上散步消食，感受一下"中华商业第一街"的繁华璀璨。如果想体验夜游浦江，一种比较取巧的方法是乘坐往返两岸的渡轮，单程票价只需 2 元，行程 5—10 分钟，只要避开高峰日期就能获得超值的观景体验，具体时刻表及航线信息可通过"上海轮渡"公众号查询。

POP 露台餐厅
地址：外滩 3 号 7 楼
营业时间：周一至周五 11:00—14:00，17:00—1:00；
周六至周日 11:00—14:30，17:00—1:00

Da lvo 意大利魔镜餐厅
地址：外滩 12 号 23 楼
营业时间：11:00—14:00，14:30—16:30，17:30—23:00

周边咖啡探店
老麦咖啡馆： 武康大楼里复古风格的老牌咖啡店
地址：武康大楼底楼 -1
营业时间：10:30—19:00，19:30—24:00

集雅 Gathering 咖啡： 环境富有东方美感，有个清
幽的后院
地址：武康路 137 号底层
营业时间：9:00—19:00

RUMORS COFFEE ROASTERY 鲁马滋咖啡： 沪上
手冲咖啡圈名店，创办者是一对中日夫妻
地址：湖南路 9 号甲
营业时间：10:00—19:30

into_the force 原力飞行： 工业风格，特调咖啡颇
具创意
地址：安福路 322 号 2-105
营业时间：9:00—20:00

在"梧桐区"的核心路段——武康
路—安福路街区悠闲地开启早晨。观赏
法国梧桐掩映的花园洋房，逛逛腔调十
足的街边小店，很快你便会被浓厚的历
史文化底蕴和小资生活气息所浸润。

网红鼻祖级别的马路武康路以立在
南端路口、狭长似船的武康大楼最为出
名。拍照留念后，接着探索周边的宋庆

龄故居、原意大利总领事官邸、巴金旧
居、湖南别墅等历史建筑。不要错过幽
隐在里弄中的武康庭，老建筑改造的园
区里聚集着优雅的花店、画廊、设计师
店、葡萄酒店和餐厅，相当好逛。

走到武康路北端的美式花园别墅
丁香花园，向东拐进安福路。作为"魔
都"时尚人士的新宠，这条不足 1 公里

的马路上排列着 Brand Melville、13DE MARZO、Harmay 话梅、多抓鱼循环商店等一众新潮店铺，还有几家独具个性的咖啡馆、面包店和餐厅。

午后骑上单车往南至徐家汇⁹，这一带各大商场云集，是逛街血拼的好去处。地标建筑徐家汇天主堂值得一看，它是上海第一座天主教堂，始建于清代，一对法国哥特式双尖顶直指苍穹。毗邻天主堂的徐家汇书院已在整修后以崭新的面貌开放，图书馆内仿照希腊门廊设计的挑高中庭空间非常气派。若有兴趣，还可一并游览附近的"远东第一气象台"徐家汇观象台（即上海气象博物馆）、珍藏有 30 万余册旧外文文献的徐家汇

藏书楼，以及呈现百年上海电影魅力的上海电影博物馆。

最后抽出一些时间前往西岸艺术区¹¹。这块开阔的滨江地带集中坐落着西岸美术馆、龙美术馆、星美术馆、油罐艺术中心等重量级的当代艺术场所，可谓艺术爱好者的天堂。整片建筑群极富前卫感，其中几座出自普利兹克建筑大师之手，有一些是由原水陆码头、飞机制造厂等近代民族工业遗存改建而成。即使不逛展览，仅是找间江畔的咖啡店小坐，欣赏一下周围的摩登建筑，瞧瞧绿地上遛狗吹风的市民、浦江上悠然穿行的船只，也已经足够有看头了。

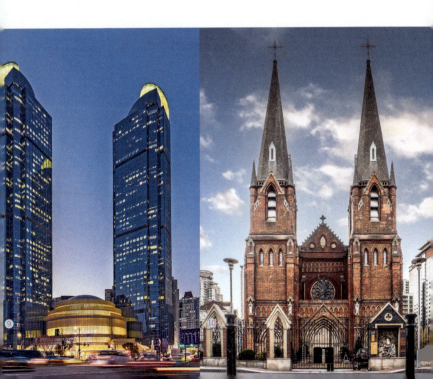

江苏省○镇江市

地处长江与京杭大运河交汇处的镇江，在历史上不仅拥有重要的军事地位，也因秀丽风光被众多文人墨客写入诗句。"京口三山"——焦山、金山、北固山风景秀丽，青砖铺就的西津渡历史悠久。镇江的本地美食也是全国各地老饕们的心头爱：晶莹剔透的肴肉、嚼劲十足的锅盖面，以及闻名全国的镇江香醋自不必说，"靠江吃江"的镇江还有河豚这样的"绝招"——毕竟，就连苏东坡也难逃这道"扬子江中第一鲜"的魅力。

DAY 1　　① 焦山 → ② 北固山 → ③ 金山

DAY 2　　④ 西津渡 → ⑤ 永安鱼庄（常发广场店）

镇江有三怪：香醋摆不坏、肴肉不当菜、面锅里面煮锅盖。镇江香醋自不必说，后两样则是本地人钟爱的美食。早上先从一碗锅盖面开启热乎乎的旅程吧，镇江锅盖面店铺众多，一般不太容易"踩雷"。锅盖面的口感比较有嚼劲，配上各家不同的浇头，口感丰富，鲜味十足，如果店内提供肴肉的话，也要记得尝尝。

吃饱喝足，踏上悠闲旅程，先打卡"京口三山"——焦山、北固山和金山。

①焦山因东汉末年焦光隐居于此而得名，是一座四面环水的岛屿，需坐船到达（门票包含船票）。焦山碧波环绕，满山苍翠，宛如一块浮在水上的碧玉，因此又被称为"浮玉山"。路过一个大牌坊后，就能看到隐藏在山中的定慧寺。

定慧寺原名普济禅寺，是江南最早的寺庙之一，焦山的寺庙楼阁都掩映在丛林中，定慧寺也不例外，《水浒传》就写道："焦山有座寺，藏在山凹里，不见形势，谓之山裹寺。"

①

《水浒传》写道："焦山有座寺，藏在山凹里，不见形势，谓之山裹寺。"

如今寺庙大殿前的香炉青烟袅袅，殿内传来诵经声，还有人不断上香礼佛，令人心生平静。

从寺庙出来爬山的途中，会见到刻在山间的石刻，多为题词题诗。一路走到焦山碑林，内有气势磅礴的摩崖石刻和碑刻艺术，篆、隶、楷、草、行诸体皆备。

这里还有一块有"碑中之王""大字之祖"之称的《瘗鹤铭》。《瘗鹤铭》为六朝著名摩崖石刻，如今还剩93字（其中11字不全），是中国书法发展史上字体由篆、隶向楷书过渡时期的实物遗存，行笔雄健、方圆并举、富于变化。

焦山上还有鸦片战争时期中国人民抵御外辱的见证——古炮台遗址，以及因供奉佛像一万余尊而得名的万佛塔——站在塔外平台可俯瞰焦山全景和江上风光。

参观完焦山，回到江对岸向西行约4公里，就是第二座山——北固山。"何处望神州，满眼风光北固楼"，辛弃疾诗词中的北固山是满眼风光，现实也确实如此。

沿着东吴古道拾级而上，会到达甘露寺。甘露寺始建于东吴甘露年间，也是寺庙名称的由来。如今的寺庙是唐代所建。甘露寺与《三国演义》中的"甘露寺刘备招亲"故事有关，不仅如此，其实北固山整座山都因三国故事名扬千古，如石柱方亭祭江亭，它与孙氏听说刘备被讹传病死后投江殉情的传说有关，而遛马涧则有孙权与刘备争胜，二人沿此涧跃马扬鞭的传说。

攀登至北固山上的仿宋建筑北固楼，站在楼上遥望水天一色，你就能体会梁武帝对北固山"天下第一江山"的评价了。

从北固山继续向西不到 5 公里，便来到金山。提起金山，很多人会想起《新白娘子传奇》中"水漫金山寺"的故事，但这里的精彩远不止于此。金山也是江中一岛屿，其中金山寺其实名为江天禅寺，整个寺庙依山而建，殿宇楼阁与山体浑然一体，所以金山也有"寺裹山"的称号。在寺庙门口印有"江天禅寺"字样的宝鼎前来一张《新白娘子传奇》剧中同款合影吧，留作纪念。

跨过山门来到大雄宝殿，这里是《新白娘子传奇》的拍摄地，剧中白素贞就在此处跪拜数日，求法海放了许仙。绕过大殿向上，到达最高点慈寿塔，在此处凭栏眺望，稍作休息。塔下西侧有个法海洞，是金山开山祖师法海的苦修之处。而玉带桥旁的白龙洞更具神秘色彩，据传洞中有一隧道可直通杭州西湖。

虽然传说不一定为真，金山寺博大精深的佛教文化和绵延不绝的历史传承却是事实。南朝时期，梁武帝在金山设立了水陆道场，以超度天下亡灵。唐代以来，金山寺高僧辈出，宋代以来，更是留下了"苏东坡金山留玉带""岳飞金山访道月""梁红玉击鼓战金山"等故事传说。这朵"江心芙蓉"非常值得每一位到镇江的旅行者到此一游。

"何处望神州，满眼风光北固楼"——辛弃疾

地处长江与京杭大运河交汇处的西津渡④，形成于三国时期，唐代开始有完备的渡口功能，一直是我国南北水上交通、漕运的枢纽。虽然渡口已不存在，遗存的古建筑和石板街却令这里逐渐形成了一片特色街区。

小码头古街长1000多米，沿着麻石或青石铺筑的街巷道路参观，两边的"清水乱砖墙"独具特色。街区内还有一些值得打卡的历史古迹，首先路过"一眼看千年"，这是写在石刻上的字，石刻下面有一个玻璃罩，内有唐宋元明清五个朝代路面堆积断面的考古坑，每个朝代铺路的材料不尽相同，果真"一眼千年"。

继续向东到观音洞和昭关石塔。观音洞始建于宋朝，洞内很大，有219尊观音像，还有观音大士壁画，很是壮观。昭关石塔则是一座元代建造的过街石塔，因塔基的东西两面都刻有"昭关"而得名，从青石构成的台座下穿过，仿佛穿越了历史。

观音洞和石塔附近的救生会是带有慈善性质的水上安全救助机构，它的创立可以追溯至宋朝，专门从事义务打捞沉船和救生事宜，堪称中国最早的江上救生组织。沿着石板路一路快要走到尽头的时候，就能看到英国领事馆旧址。第二次鸦片战争后，镇江被迫成为通商口岸之一，同治三年（1864年）英国开始在云台山上建筑领事馆。领事馆旧址共有五栋建筑，整体为砖木结构，端庄典雅，内部还保留着当时的设施。

英国领事馆旧址是镇江博物馆的一部分，看完旧址，博物馆也别错过。博物馆分为古代精品文物陈列厅和近代史文物陈列厅，展品有吴文化青铜器、六朝青瓷器、南宋的丝绸服饰、明清字画，藏品颇丰。

永安鱼庄·镇江菜（常发广场店）
地址：黄山西路常发广场二楼
营业时间：周一至周日 11:00—13:30，17:00—21:30

行程的最后，鼓起勇气尝尝河豚吧！河豚被誉"扬子江中第一鲜"，吃法是红烧或白汁，即使汤汁也十分胶黏浓郁，一般配特色农作物秧草吸油解毒。镇江市东部江心的扬中是河豚的主要养殖基地，每年都会举办盛大的河豚文化节。

想要在市区吃到这道连苏东坡都赞不绝口的美食，可以选择永安鱼庄。在店里点上一道镇江秧草烧豚鱼，鱼肉鲜嫩，刺不多，鱼皮带点毛刺。吃完鱼别忘了用浓稠的汤汁拌饭，鲜美无比。

浙江省○宁波市

宁波古称"明州"，是拥有1200多年建城史的文化名城。这座城市处处蕴藏着历史文化珍宝，又不乏江南水乡的秀美和东方大港的气魄。此外，令人食指大动的宁波小吃、海鲜盛宴，以及活力十足的酒吧与咖啡馆，也等着你去体验。

❶

❶

②

来宁波的第一站，一定要去打卡全球最古老的三大家族图书馆之一——天一阁①。400多年前，明代进士范钦辞官回乡后，在宅东建造了这栋两层硬山顶重楼式建筑，彼时藏书7万余卷。如今这里已有各类古籍近30万卷，包括8万余卷珍椠善本。

参观完藏书楼，不要错过周边的范氏故居、明州碑林、恬静的江南庭院式园林，以及近代民居建筑秦氏支祠等。

天一阁东侧不远处有一片月牙状湖面，那就是开凿于唐贞观年间，堪称宁波"西湖"的月湖②。西湖有十景，月湖则有"十洲"——宋元年间建成的亭台楼阁，和泉石流水、竹影荷香交相辉映，清幽典雅。

从月湖向东，来到繁华的天一广场，走进宁波的招牌美食店"缸鸭狗"③。店里的汤圆软糯香甜，馅儿有猪油和芝麻的香气。

吃完逛逛天一广场④。这一繁华商圈是宁波居民最为熟悉的日常休闲去处，欧陆风情浓郁的现代建筑群环绕着开阔的中心广场，当年的"亚洲第一音乐喷泉"依旧在广场里上演着缤纷夺目的水秀，仿罗马式、哥特式造型的药行街天主教堂尖顶高耸、气势恢宏。

自天一广场往南约半小时车程处，便是气势磅礴的"灰盒子"建筑群——宁波博物馆。这座博物馆是王澍"新乡土主义"建筑的典型代表，外墙上使用了宁波旧城改造留下的大量砖瓦，还运用江南特色的毛竹在墙面制造出独特的肌理效果。

馆内藏有从史前河姆渡文化至近代的青铜器、瓷器、竹刻、玉器、书画、金银器等文物7万余件，是了解宁波历史文脉与艺术特色的绝佳去处。

宁波在唐代便位列中国"四大港口"，在《南京条约》签订后成为"五口通商"口岸之一。每当夜幕降临，当年十里洋场的万般风情便在老外滩重现。灯火璀璨的老外滩酒吧街上，总会有一家投你所好。不如在此小酌一杯，再去江边吹吹晚风，看街头表演，逛特色夜市。

缸鸭狗（天一广场店）
地址：中山东路188号天一广场水晶街68号
营业时间：10:00—21:00

在宁波的第二天，将目光转向市区周边的两座古建筑。清晨先来到距离市区1小时车程的保国寺。保国寺是中国现存最古老的木结构建筑之一，被称为"江南一绝"，以木构建筑扛过江南风雨，屹立不倒。

天王殿前的两根唐代经幢是保国寺遗存最老的旧物。大雄宝殿建于北宋大中祥符六年（1013年），也被称

为"无梁殿"，它并非真的无梁，只因层层斗拱和藻井周围的天花板将大殿的横梁遮住了，保国寺大殿的许多工艺甚至成了印证《营造法式》内容的存世孤例。

品味完令人称绝的保国寺，马不停蹄赶往东南方向1小时车程处的天童寺。天童寺位于太白山脚下，始建于西晋。寺庙呈阶梯状布局，由南而

北依次升高，宏大的建筑群之间有廊道相连，其中明朝重修的佛殿古朴庄严。此外寺内还有丰富的文物遗存，如宋、元、明、清历代碑碣，以及石刻、楹联、匾额、玉器、瓷器、铜器、字画等。

天童寺在佛教传承和古代中日佛教文化交流史上都曾起到重要作用。南宋时期，日本僧人来天童寺问道参禅，天童寺也是日本曹洞宗祖庭。古刹旁的天童国家森林公园有多种植被群落、珍稀古树、奇岩怪洞，是一处休闲放松的天然氧吧，充满野趣。

安徽省〇安庆市

历史文化名城安庆自宋至明一直是府城所在地，安徽省的"安"就源自这个取意"平安吉庆"的城市。千年古城内遍布山水亭台和旧日遗迹，不妨在城市闲逛一番，感受它的深厚底蕴与财富，再去听一听安庆蜚声海内外的黄梅戏。

DAY 1　① 大南门牛肉包子 → ② 世太史第 → ③ 迎江寺 →
④ 金源堂先锋巷肉丝面 → ⑤ 安徽邮务管理局旧址 →
⑥ 倒扒狮历史文化街区

DAY 2　⑦ 天柱山

清晨在大南门牛肉包子店品尝当地美食——牛肉包子。这家不起眼的门店前经常排队，招牌牛肉包子外皮略焦，吃起来脆脆的，里面的牛肉馅则是散的，还掺入了豆腐。吃牛肉包子可以配绿豆圆子汤——炸好的绿豆圆子放在汤中，香味浓郁。

吃到舒爽后步行消消食。向东北方向步行约 900 米，就是赵朴初故居——世太史第。世太史第建于明万历年间，同治三年（1864 年）为赵畇购置重建，因其父赵文楷、子赵继元、

孙赵曾重均系翰林，故名"世太史第"。1907 年，赵朴初诞生于此。

这里建筑保存完好，有连绵起伏的马头墙、小青瓦和精致的雕花格扇窗，融北方古建的恢宏、粗犷及徽州古建的细腻、精致于一体。

参观完世太史第，向东南方向行至江边，参观迎江寺。始建于北宋的迎江寺殿宇华丽，气势恢宏，山门上嵌有清光绪皇帝手书的匾额。步入山门即为天王殿，弥勒佛端坐神龛内，四大天王分列两侧，神态各异。穿过

天王殿，拾级而上便是大雄宝殿，殿的匾额为赵朴初手书。

迎江寺内的游览精华便是号称"万里长江第一塔"的振风塔。振风塔建于明隆庆二年（1568年），为八角七层楼阁式砖石结构，依江耸立，无论是顺流而下还是溯江而上，从远处就可遥望它的雄姿。塔的楼梯又窄又陡，到上方只能容纳一人通行，站在最上面一层可眺望长江，不过不要太过靠近并不安全的低矮栏杆。

塔内的另一处精华是千余尊浮雕佛像，它们形态各异，线条流畅。下来后，不妨再看看寺内毗卢殿后的四海龙王朝观音的"海岛"群雕，以及珍藏有明光宗敕赐描金《妙法莲华经》和素描观音大士像等瑰宝的藏经楼。

从迎江寺向北走到人民路，随后

大南门牛肉包子
地址：清真寺街盛唐山庄1号楼1号门面
营业时间：5:00—13:00

金源堂先锋巷肉丝面
地址：先锋巷29号
营业时间：6:00—14:00，17:00—2:00

一直向东，直到先锋巷再往北，来金源堂先锋巷肉丝面店里尝一尝安庆的另一道必吃美食——炒面。店里只有青椒肉丝一个口味，虽然汤面也很不错，却不如炒面与青椒肉丝融合得好。不过不管哪种，料都很足。

吃完前往西边的安徽邮务管理局旧址，位于墨子巷的这座建筑建于1926年，是西洋古典式风格。大楼原为民国安徽邮务管理局办公场所，里面还有介绍历史的牌子。如今这里是邮政公司。

傍晚时分，到距离邮局不远处的倒扒狮历史文化街区参观。这里是安庆最古老的商业街，得名自当街而立的"倒扒狮牌坊"，牌坊两侧柱上各雕有两只圆头长尾、卷发巨眼、张吻施爪的倒扒狮子。

街区内保留了大量珍贵的明清风格建筑及老字号，在这里不仅可以品尝到诸多美食，还能在此围炉煮茶、听戏、看画展、逛文化馆。夜幕降临，华灯初上时，倒扒狮街区灯火通明，一派繁华。

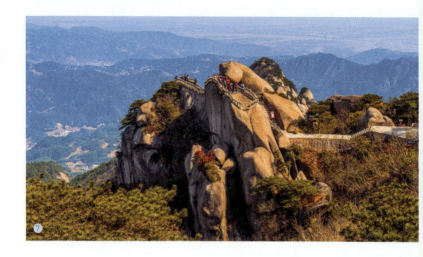

⑦

第二天早晨依旧先体验一下安庆的碳水魅力，尝尝本地的侉饼卷油条吧。将手工揉制、薄厚适中的面团撒上葱花，粘上芝麻后放入烤炉，烤制后焦香四溢，再卷上一根酥脆可口的油条，咬上一口，回味无穷。

作为《舌尖上的中国 3》推荐的店铺，炭烤侉饼（宜园社区店）店内总是热火朝天。饼分两种，一种是方的，较为厚软；一种是圆的，比较酥脆。记得包上油条，吃完唇齿留香。

吃饱后启程前往 105 公里车程外的潜山市，这里有一处风景不逊于黄山的名山——天柱山。天柱山因主峰如"擎天一柱"而得名，比起大名鼎鼎的黄山，天柱山非常低调，可实际上这座山来头不小，它又名皖山，安徽简称"皖"即来源于此。此外，天柱山还作为超高压变质带的重要地段被联合国教科文组织认证为世界地质公园。

天柱山分为西关和东关两条路线。西关开发较为成熟。从入口乘坐大龙窝索道（80 元／人）到振衣岗，随后循着神秘谷的路牌往上爬。

再往上走就是天池峰顶，峰顶陡壁上裂成三块，中间 1 米宽的巨石就是渡仙桥。桥下是万丈深渊，上面风很大，一会烟雾缭绕，一会晴空万里，可以欣赏两种不同感觉的山顶。小心翼翼地跨过渡仙桥，即达不足10平方米的一处平台，台中有大小两个石坑，被称为"天池"，里面的水很清冽。

登上天池峰顶，只见眼前一根石柱直指苍穹，上面刻有"中天一柱"，这就是嶙峋陡峭、险绝难登的天柱峰。参观完从青龙脊、炼丹湖直至振衣岗下山，这里下坡路居多，走着轻松，还能拍怪石照片。

东关由于地势险要陡峭，险峰一个接着一个，对体力的挑战较大。这条线自炼丹湖至回音台，而后至千丈崖，从这里开始变得险峻。走到谷底，接着又要沿着阳关三叠往上爬，依然很陡。

爬完阳关三叠，可以从旁边的石阶去天狮峰。下来后继续往前，从鹊桥向下到奇谷天梯，路都是在岩壁上开凿的，头顶的天然巨石也很壮观，再抓着岩壁上打出的孔作为扶手走一段，就迎来了平坦宽阔的路。可以说，东关虽险，但更原始，更具野性。

"桥下是万丈深渊，上面风很大，一会烟雾缭绕，一会晴空万里。"

福建省○泉州市

泉州，作为海上丝绸之路的起点、马可·波罗笔下的"东方第一大港"，这座世界遗产城市几乎处处蕴藏着历史，留存着多元的信仰传统，并洋溢着温暖的烟火气息。

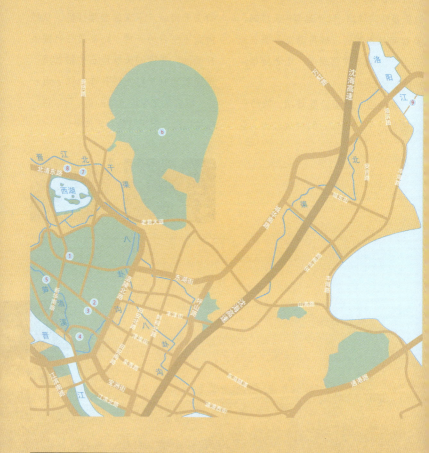

DAY 1　① 开元寺→ ② 清净寺→ ③ 好成财牛排馆→ ④ 天后宫→
⑤ 南音艺苑

DAY 2　⑥ 清源山→ ⑦ 中国闽台缘博物馆→ ⑧ 泉州博物馆→ ⑨ 洛阳桥

从城内保存最完整的古街区——西街开始探索。西街是泉州最早开发的街道之一，早在宋朝，它就已经见证了泉州"市井十洲人"的盛况，至今也依然保存着最完整的古街区和大量的历史建筑。如今的西街已经人来人往，颇具商业气息。

大名鼎鼎的开元寺就坐落于西街上。开元寺始建于 7 世纪，至今保存着中国古代大型佛寺建造形制发展成型初期的典型布局，即在中轴院落的东西两侧另建塔院，非常珍贵。寺院坐北朝南，中轴线主要建筑有紫云屏、天王殿与拜庭及东西廊等。

开元寺里更重量级的，还是大殿两边的石塔。寺内的东西二塔历经千百年而屹立不倒，堪称泉州的精神象征，大殿西边还有一棵传说中开过白莲花的古桑树，如今已有 1300 余岁高龄。

随后往东南方向步行至涂门街，参观国内现存最古老的清真寺——清净寺，在此瞻仰其仿照大马士革伊斯兰教礼拜堂而建的石结构建筑，了解伊斯兰教传入中国的历史。万历三十二年（1604年）的泉州大地震使其原本巨大的穹顶倒塌了，只剩下孤零零的石柱。但为纪念曾经的虔诚礼拜之地，它残破的样子被保留到了现在。

而后可以去寺对面的老牌食肆好成财牛排馆尝尝清真美食——泉州牛③

排。同在涂门街上的还有我国东南地区规模最大的文庙，以及香火极旺的关帝庙，不妨一并游览。

接着向南步行，前往古城南门（德济门）。位于此处的天后宫是海内外④建筑规格最高、规模最大的一座妈祖庙，中国台湾及东南亚的许多妈祖庙

好成财牛排馆（涂门街总店）
地址：涂门街221号
营业时间：10:00—20:30

都是这里的"分灵"。天后宫的山门尤其漂亮：典型的闽南飞檐翘角，五彩缤纷的剪瓷贴满门头，四根龙柱气派非凡。从天后宫出来后，可以漫步至晋江畔，眺望江水起落，遥想昔日

满载珍宝的各国商船往来不绝的景象。

待到夜幕降临，去消夜摊吃上一碗面线糊。然后到新门街上的南音艺⑤苑，听一场有"音乐活化石"之誉的泉州南音，感受古乐的曼妙清远。

⑥

第二日清晨，先去市区北边的清源山上逛逛。此山虽不过600多米高，却是泉州第一名山。山中风光清丽葱郁，儒释道旧迹并存，其中最引人注目的当属老君岩——一块由形似老翁的天然巨岩雕琢而成的老子雕像，自宋代留存至今，是国内现存最大的道教石雕。此外，民国高僧弘一法师的舍利塔也在清源山中。

在山上观景、品茶后，可以前往近旁的西湖公园。公园北侧的两座博物馆都值得一看：中国闽台缘博物馆生动详尽地展示了闽台关系史，大厅内由泉州籍当代艺术家蔡国强创作的巨型火药爆破画也相当震撼；隔壁的泉州博物馆更为综合且传统，展示泉州的历史文化、艺术、民间收藏等多个方面。如果对古代海洋文化和泉州世界文化遗产感兴趣，强烈推荐去东湖公园边的泉州海外交通史博物馆，定能让你大长知识。

赶在黄昏时分到达市区东边的洛阳桥，欣赏古桥落日美景。洛阳桥是中国历史上第一座跨海梁式石桥，被誉为古代四大名桥之一。桥墩底部呈船形；两侧搭建石塔，用以镇风；桥上筑有石亭，可供休息；栏杆、石柱等处刻有石雕，造型美观。桥北坐落着昭惠庙、真身庵遗址，桥南建有蔡襄祠，以纪念蔡襄造桥的辛勤付出。最有趣的是洛阳桥采用了种蛎固基法（用大量牡蛎来黏合巩固桥基），在世界造桥史上独具一格。

江西省○赣州市

走在赣州的街头，就好像穿越回了千年之前的宋朝——国内现存年代最早的宋代古城墙上，青砖铭文依稀可辨；郁孤台下，辛弃疾写过的清江水仍然奔流不息。抽出一个周末，先在赣州城内逛一逛，随后奔向周边的宁都县，寻味赣南，让宁都肉丸和三杯鸡惊艳你的味蕾。

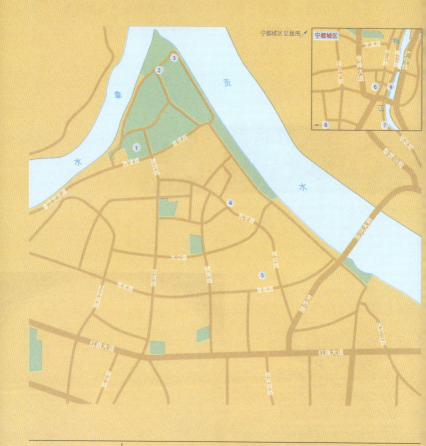

DAY 1　① 郁孤台→ ② 赣州古城墙→ ③ 八境台→ ④ 灶儿巷→ ⑤ 赣州文庙

DAY 2　⑥ 宁都2号肉撮店→ ⑦ 永宁寺→ ⑧ 莲花山→ ⑨ 梅江公园

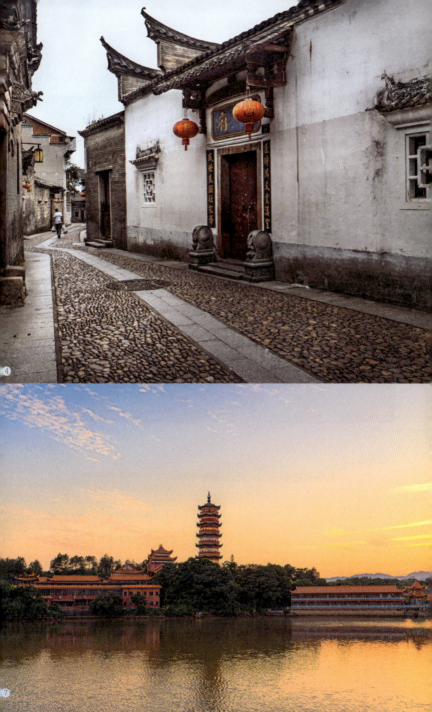

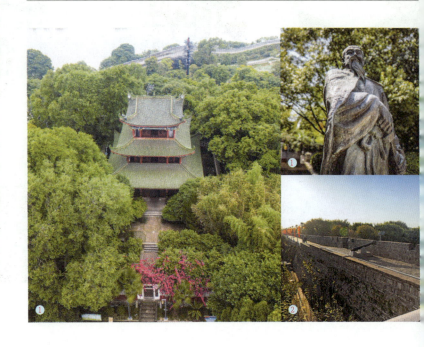

　　第一天在赣州老城区逛一逛，先来到位于城外贺兰山上的郁孤台，它曾是旧时宋城的最高处，当年登临此地，可俯瞰全城景色。辛弃疾所写的"郁孤台下清江水，中间多少行人泪"让郁孤台闻名天下。虽然如今的郁孤台已是重修后的样貌，但依然可以凭栏怀古。台前两株含笑树，春来花繁叶茂，香气满园。

　　郁孤台到八境台之间，有一段赣州古城墙，城墙沿章江岸边向东延伸。

　　赣州古城墙始建于唐末，在北宋嘉祐年间经过扩建，初具规模。如今，这一段长约3600米的古城墙保留着数以万计的铭文墙砖。郁孤台至八境台一段，可以登上城墙漫步前行，在八境台前，还有保存完好的二层炮城。墙外是章江之水向北而去，墙内是花树簇拥一派生机。

　　八境台始建于北宋嘉祐年间，位于城北的龟角尾，那里是章江与贡江汇合成赣江之处。建成之初，苏轼就曾在此赋诗。八境台下是半圆形的两层炮城，又叫瓮城，是宋代古城墙的一部分。登临这座重建于1983年的三层楼台，可以观赏两江合一、波浪拍岸的壮观景色。

一路向东南，进入建春门后，去灶儿巷逛一逛。灶儿巷不过200余米长，却幽深古朴，值得细细探寻。灶儿巷街区格局初形成于宋代，不过，

如今留存的老房子主要是晚清建筑。通过高高的青砖墙，斑驳的木门窗，以及残破的砖雕门楼，依稀可以窥见当年的繁华。颇有名气的董府是一座经过修缮的客家民居，其前身是裕民钱庄，南康的董家在赣州经商致富后购下此宅，打造成客家菜馆，很快成为赣州知名餐馆之一。天井与厅堂一重接一重，正是典型的"九井十八厅"

"郁孤台下清江水，中间多少行人泪"——辛弃疾

客家民居风格。董府的热闹与街巷的幽静奇妙地融合，形成别具一格的古韵景致。

逛完一路向南，到达规模位列江西五大文庙之首的赣州文庙⑤，除了祭祀孔子之外，它还曾是赣州清代县学所在地，也就是古代级别较高的官办学校。走过状元桥，远远就能看见一片黄绿相间的琉璃瓦屋顶，十分醒目，这便是大成殿。殿顶装饰色彩鲜艳，异常华丽，用瓷器作檐脊装饰的彩瓷宝顶，全国罕见。

⏱ DAY 2 ⑥ 宁都2号肉撮店→ ⑦ 永宁寺→ ⑧ 莲花山→ ⑨ 梅江公园

第二天奔赴170公里车程外的宁都县，寻味赣南。如果你来得够早，一定不要错过宁都人都爱的早餐——宁都肉丸（又被称作"肉撮"），它是用肉和红薯粉按比例调制出的，吃起来"Q弹"十足，宁都中学附近的宁都2号肉撮店⑥就很值得一试。

吃完早饭，前往城南的永宁寺⑦。传说永宁寺"因塔建寺"，这里的塔便是水口塔。古人常将洪水泛滥与"水中蛟龙"联想起来，于是在明万历年间建起了用于镇邪的寺院和塔。

如今依旧香火旺盛的永宁寺前后经历过三次大修，目前所看到的大雄宝殿和真君殿、藏经室、斋堂等寺院建筑构成了如今的永宁寺。一旁的七

8

层宝塔便是水口塔，远看与永宁寺融为一体。

城里逛完，再去周边看看，南北长5公里的莲花山蜿蜒盘旋于宁都城西面，远观像一朵盛开的莲花，内里却因是喀斯特地貌而留下的许多暗河和溶洞，山间也无比清凉。

喜欢登高的旅行者可以选择爬上海拔953米的莲花山十景之——"莲峰凌霄"，也就是主峰白茅峰，享受一览众山小的快意。热衷于人文观光的旅行者，则可以选择前往另一处莲花山十景之——青莲古刹。

建于西晋泰始二年（266年）的青莲古刹距今已有1700余年，历经损毁、迁移、重修、扩建，目前保存有三栋十殿，另有一尊海外捐赠的缅甸玉石卧佛、多块明清石碑碑刻，以及四周的古木和院中的红豆树。

从莲花山回到市区，用三杯鸡结束宁都之旅。三杯鸡是地道的赣南菜，还有说法称是宁都的客家人发明了"米酒一杯、猪油一杯、酱油一杯"的三杯鸡。饭后散步到新修建的梅江公园，在河堤上等一场晚霞，享受周末的祥和与宁静。

山东省〇威海市

威海，这座山东半岛东端的海滨小城，非常适合消磨夏日时光。这里三面环海：北与辽东半岛相对，东与朝鲜半岛隔海相望，西与烟台市接壤。大海为威海带来了清凉，也带来了海天一色的美景。沙滩看日出、乘船出海、漫步栈道，都是威海为游客精心准备的旅行体验。自然美景之外，这里也记录了北洋海军兴衰历史和屈辱的甲午战争，参观博物馆的同时，也时刻提醒自己勿忘历史。

 DAY 1 | ① 半月湾沙滩→ ② 猫头山→ ③ 环翠楼→ ④ 火炬八街

 DAY 2 | ⑤ 古陌早市→ ⑥ 刘公岛→ ⑦ 海源公园→ ⑧ 韩乐坊

④

⑤

5

DAY 1 ① 半月湾沙滩→ ② 猫头山→ ③ 环翠楼→ ④ 火炬八街

"它'两耳朵尖尖竖起来，背部葱绿常年不改'，这便是猫头山。"

在威海的第一天，从半月湾沙滩 ① 的日出开始。半月湾因港湾呈半月形得名，这里有众多礁石奇岛，滩平沙细，又因视野辽阔无遮挡，成为海上看日出的绝佳位置。日出之前，就已经有很多人聚集在海边，等待黎明前的惊鸿一瞥。

看完日出后一路向北，在威海环海路副线的柳树湾北岸，有一处新晋的打卡地，它"两耳朵尖尖竖起来，背部葱绿常年不改"，这便是猫头山。② 一边是悬崖峭壁，一边是无边大海，猫头山可以满足你站在山巅拥抱大海的幻想。租一辆小电驴慢悠悠地沿着海岸线骑行，前往"一览全猫"的2号观景台（有的地图显示为3号观景台），无论是碧海蓝天，还是惊涛骇浪，相信都能令你印象深刻。

随后回到市区，参观环翠楼。明弘治二年（1489 年），巡察海道副使赵鹤龄主持建设了塔楼，塔楼因环绕在一片翠绿之中而得名。1944 年 12 月的一个夜晚，环翠楼被日寇的一把火烧得精光。现在的环翠楼是 2009 年重修的，有环翠楼广场、环翠书院、盆景园、明城墙遗址等景点。

环翠楼广场中间是民族英雄邓世昌的铜铸雕像。环翠楼加上地下楼层共 7 层，是威海为数不多可以远眺的高楼，在这里可以看到油画小镇孙家瞳，也可以远眺海岸线，天气不错的时候还能看到对面的刘公岛。

其实早在淄博烧烤走红之前，威海的火炬八街就因道路尽头的蓝天碧海成为人们心动的景点。火炬八街位于城市的西边，是一条通往海边的路，道路两边立着一栋栋小楼。天气晴朗之时，沿着街道走到尽头，眼前豁然开朗，蔚蓝的大海上，白色的船只来来往往。拍完照可以去海边步道走走，吹着海风，欣赏蓝天碧海，满是盛夏的感觉。

"在刘公岛的最高点，将海天岛城尽收眼底。"

来山东怎么能不感受一下"碳水炸弹"的魅力？起个大早来到位于一条长长坡道上的古陌早市，和当地人一起"赶大集"。骨汤馄饨不仅有鲜肉的，还有鲅鱼的，味道鲜美。肉蛋堡虽然要排队，但是吃到的那一刻还是觉得满足，此外还有豆腐脑、油条、炸糕等，选择众多。

古陌早市的另一大特点是新鲜水果，水灵的大樱桃酸甜可口，6月底至7月初，威海的青皮无花果上市，在早市仔细挑选，就能尝到口感甜蜜、价钱适中的无花果。

吃完早餐，来到刘公岛景区旅游码头，从码头坐船约15分钟，就能到达刘公岛了。刘公岛位于威海湾内，自然风光优美，素有"海上仙山"和"世外桃源"的美誉。可以乘坐观光车畅游全岛，或是乘坐索道登顶旗顶山炮台，在刘公岛的最高点，将海天岛城尽收眼底。脚下是博览园的满眼绿意，回头望是城市高楼林立的繁华，尽可在海天一色的美景中寻觅夏天的痕迹。

此外，刘公岛也是清朝北洋水师诞生地。清光绪十四年（1888年），北洋海军在威海刘公岛正式成军，初期拥有舰船25艘，总吨位达4万多吨，实力居世界第四位，称冠亚洲。然而，这样一支近代化的海军舰队，却在甲午战争中遭到惨败。

如今岛上的中国甲午战争博物院内有北洋海军提督署、中国甲午战争博物院陈列馆、丁汝昌纪念馆等展区，镇馆之宝则是济远舰前双主炮，参观的过程，也是了解历史、感受岁月沧桑的过程。

从刘公岛回到市里，可以逛逛威海各有特色的公园海滩。比起海水浴场干净平整的海滩，海源公园的海和礁石多了些层次感，浪潮拍打着礁石，海水湛蓝，绿树成荫，从木栈道走下去，还能看到远处海港中的小渔船星罗棋布地排列着，宛如一幅油画。

海源公园的一处海边石崖上，是为了纪念中国在第一次世界大战期间向欧洲战场派出的14万劳工的一战华工纪念馆。建筑深埋地下，一条穿越建筑的通道将观众直接送达海边。这条通道与主入口结合形成一个十字形的入口空间，象征了近代中国正处于历史发展的十字路口。

威海因与韩国距离不远，城中有众多韩国元素。夜晚不如到以韩文化为主题的商业街区——韩乐坊，感受一下美食与热闹。在这里，石锅拌饭、韩国冷面、韩国烤肉、部队火锅、辣炒年糕等应有尽有，你可以品尝到各色正宗韩餐。24小时营业的韩香福烤肉庄园店外总是在排队，烤肉夹上生菜，就着蒜和辣椒，这样的美味就算是等待也值得了。

韩香福烤肉庄园（韩乐坊店）
地址：海滨南路韩乐坊智慧中心1楼西面
营业时间：全天

河南省○安阳市

安阳西倚太行山东麓，东卧黄淮海平原。盘庚迁殷，武丁中兴，见证了它3000多年前的辉煌。也许是荣光开启得太早，离当世太远，让豫北这座七朝古都的光环逐渐隐没于平淡日常，人们大多只在谈起"殷墟""妇好""甲骨文"时才重新勾起对它的记忆。可即便如此，也没有人会低估这片土地孕育与传承着的历史文化价值。周末两天，正是你浅尝这座宝藏城市文化盛宴的好时机。

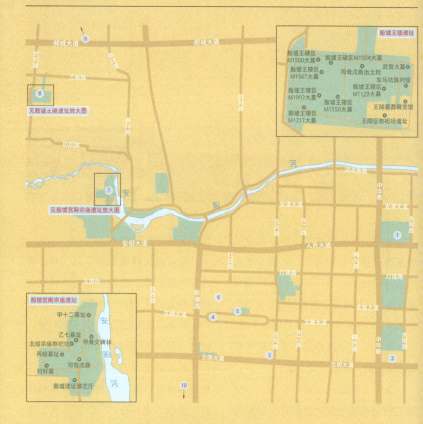

DAY 1　1 中国文字博物馆→ 2 安阳博物馆→ 3 魁星阁→ 4 天宁寺塔→
5 仓巷街→ 6 北大街

DAY 2　7 殷墟宫殿宗庙遗址→ 8 殷墟王陵遗址→
9 曹操高陵遗址博物馆／10 羑里城

正所谓入乡随俗，来到安阳，就用扁粉菜开启热气腾腾的一天吧。这种安阳特色传统小吃是当地人最爱的早餐之一，它以红薯扁粉条做主料，搭配豆腐、猪血、时令青菜，在大骨高汤中熬煮，配上各家的秘制调料和辣椒油，咸香热辣，再来份油饼，浸入骨汤里，一口入魂。

吃饱喝足，在市区东北部的中国文字博物馆①，与出自殷墟的甲骨打个照面。100多年前安阳殷墟甲骨文的发现，再现了汉字早期的基本面貌。如今，这座全国唯一以汉字为主题的国家级博物馆内，不但展示了中国文字的发展史，还陈列有铜器、陶器、玉石器等文物。

从文字博物馆向南约3公里，就是安阳博物馆②。这座1958年成立的地方综合性博物馆对公众免费开放，外观为寓意"天圆地方"的四方覆斗状，宽阔大气。8万多件馆藏文物包括化石、甲骨、玉器、书画等，覆盖殷商、北朝到隋唐、明清等时期，可帮助参观者全面了解这座古都。

接下来去魁星阁。魁星阁所在的安阳古城东南角楼，属于彰德府城墙，始建于明洪武年间，因内部所供魁星而得名。如今复建的建筑遵照了明代城府规制，以砖木结构为主，重檐歇山灰瓦顶，气势恢宏。

接着朝西北方前进，远远地就能看到一座八角五层密檐式赤色宝塔，那就是天宁寺塔。天宁寺塔坐落在天宁寺旧址内，为砖木结构，高约38米，始建于五代后周时期，宋、元、明、清均进行过修缮，因塔门匾额上"文峰耸秀"四个大字，又名"文峰塔"。

著名书法家赵朴初曾登塔赋诗"层伞高擎窄堵波，洹河塔影胜恒河"，点出天宁寺塔上大下小的独特塔形。塔身第一层的八面砖雕上，刻着释迦牟尼降生、南海观音像等佛教形象和典故，造像神态端庄，刀工精致细腻。曾经楼阁殿堂齐聚的天宁寺已湮没在

历史的尘埃中，如今塔周的空地上聚集着聊天、散步的当地人，若有兴趣就试着加入他们，感受独属于安阳的烟火气。

夜幕降临，华灯初上，正是前往仓巷街的好时候。这条老街是在彰德府城的明清遗址上修复的，全街长500多米，因曾位于县衙粮仓门口而得"仓门口街"之名，粮仓被废后更名为仓巷街。如今，全街经过改造翻新，大致保留明清和民国时期风格，入驻了一批餐饮零售商贩，街上挂满红灯笼，白日里略显寥落，入夜时分却煞有古意。

最激动人心的环节当然要留到最后。在北大街沿线，大饭店小吃车随处可见，风声、人声与食材烹饪声和谐共振。炒凉粉、煎皮渣、烤面筋、肉锅盔、桂花羹……这里既有河南特产，也网罗了天南地北的美食，大快朵颐之余，还能就着蒸腾的香气与浅浅月色，一睹有"北大街灵魂"之称的钟楼风貌，结束眼福与口福俱饱的一天。

⑦

继尝试了扁粉菜后，今天不妨试试粉浆饭和气布袋：粉浆饭的做法是在绿豆粉浆中加入小米、黄豆、白菜和猪油熬煮，盛入碗中点香油、撒香菜，味酸且香（注意：粉浆饭的酸口并非人人都能接受）；气布袋则是油炸版的鸡蛋灌饼，油饼中灌入蛋液，入口焦香扑鼻，吃完开心启程。

洹河汤汤，见证了3300多年前殷商王朝的长风浩荡。想真正了解这个朝代，就不能错过安阳西北郊的殷墟。这座规模宏大的都城遗址是中国历史上第一个有文献可考，并为甲骨文和

考古发掘所证实的商朝中晚期遗迹，现存宫殿宗庙、王陵、洹北商城、族邑聚落、家族墓地、祭祀坑、甲骨窖穴、手工业作坊等遗址，闻名天下的甲骨文、妇好墓、司母戊鼎（又称后母戊鼎）均发掘于此。

⑦

你可以先从和殷墟宫殿宗庙遗址隔河相望的殷墟博物馆开始参观，走进"大邑商"的岁月。博物馆常设展览以"商文明"为核心，镇馆之宝除了"惊天下"的甲骨，还有妇好墓出土的司母辛鼎和纹路繁复细腻、模样憨态可掬的亚长牛尊等。随后前往遗

址的车马坑、甲骨窖穴和中国第一位有据可考的女将军长眠之地妇好墓等展区，全方位沉浸于商朝文明。

接着乘坐景区摆渡车，前往几公里外的殷墟王陵遗址。目前这里已发掘出 13 座王室大墓，以及 2000 多座祭祀坑，出土了司母戊大方鼎的 M260 大墓就在其中。在祭祀坑，当你凝视着 3000 多年前的人骨，大概也会对《翦商》中所描述的殷商王族血腥的祭祀场面产生更深刻的理解。

下午的行程有两个选择：一是继续向北约 20 公里，前往曹操高陵遗址博物馆；二是打马向南约 20 公里，去羑里城看个究竟。

若是向北前往曹操高陵遗址博物馆，从市区打车约需 40 分钟。虽然 2009 年安阳曹操高陵就得到考古确认，但这座年轻的园区直到 2023 年 4 月才对公众开放。这里围绕曹操高陵遗址

画宝刚道口烧鸡招手牛肉招手猪蹄（总店）
地址：文峰南街天宁寺南门向东 50 米路南
营业时间：8:00—22:00

建造，由遗址展示区、博物馆、陪葬墓展示区三部分组成。遗址展示区有神道、陵前建筑、曹操陵墓、7 号陪葬墓等遗址。博物馆则以叱咤风云的魏武王生平为核心，集中展示了大量出土文物，甚至还有一座 1∶1 复原的高陵墓室。

若是向南，约 50 分钟的车程后，就会来到《周易》文化的发祥地——羑里城。这里又称"文王庙"，"文王拘而演《周易》"正是发生于此。

如今在羑里城遗址上，建造了羑里周易博物馆，内部有文王像、刻着"周文王羑里城"的石碑、周文王演易台等，还可以去八卦阵大型迷宫走一走，或是在伯邑考墓前抒发对电影《封神第一部：朝歌风云》的"意难平"。

返回安阳市区，离开前可以买只道口烧鸡当手信。这次时间有限，无暇前往道口古城，留个念想下个周末再来，毕竟安阳的宝藏目的地还多着呢。

湖北省〇荆州市

Jingzhou

"禹划九州，始有荆州"，辉煌一时的荆楚文化从这里孕育而出，无数历史人物在这里留下雪泥鸿爪。如今再看，时光已铸成了荆州的天与地，而城内煮藕汤升起的烟火气、中山公园早晚散步的市民游人，或许是对历史最好的告慰。

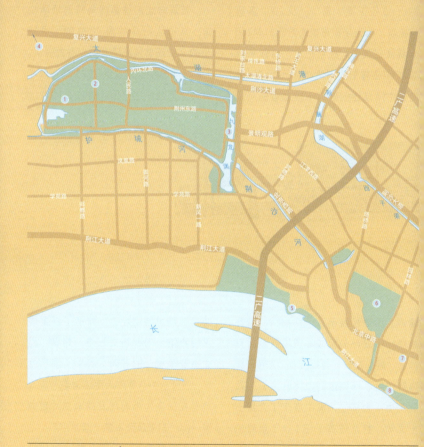

DAY 1　　　① 荆州博物馆→ ② 三义街→ ③ 古城墙→ ④ 楚王陵车马阵

DAY 2　　　⑤ 万寿宝塔→ ⑥ 中山公园→ ⑦ 大赛巷→ ⑧ 沙市洋码头文创园

荆州人的"过早"可以归结为两种，一种是豪迈粗犷的"喝早酒"，一种便是老少皆宜的早堂面。早堂面的由来可以追溯至百年前荆州开埠的年代。碱水入面，用鳝鱼、鲫鱼、猪棒骨、老母鸡熬汤——早堂面的制作不繁杂，用料却十足。大连、中连、小连是衡量码子多与少的名词，一碗大连面里码着结结实实的五花肉、鸡肉丝、猪肉片和炸鳝鱼。汤厚、油重、味浓、肉多，才是一碗大连面该有的样子。

吃饱后开始探索这座城市，第一站是古城里的荆州博物馆。1982 年公布的首批 24 座国家历史文化名城中，荆州古城（江陵）占有一席之地，而荆州博物馆更是成为首批国家一级博物馆。博物馆共有 8 个基本陈列展厅，可以从"漫天星斗月同辉"展厅开始进入新石器时代的荆州，后分别在"吉金耀彩""楚玉撷英""书于竹木""陶苑奇珍"等单元展厅中参观虎形铜尊、战国玉覆面、楚文字书、泥塑动物群

③

"从出生、成长、入仕、魂归故里等多个方面了解西汉五大夫'遂'的日常。"

等奇珍异宝。

最值得期待的还数"五大夫遂"汉墓展和"丹漆神韵"楚秦汉漆器展。从出生、成长、入仕、魂归故里等多个方面了解西汉五大夫"遂"的日常，远远比只看一具男尸来得有趣；或将楚秦汉饱水漆器看个够，从漆木彩绘蟾座凤鸟羽人、漆木彩绘虎座凤鸟悬鼓、漆木彩绘凤鸟莲花盖豆等彩绘漆器中窥见古人丰富的想象力。

另有"开元观历史文化陈列"将不远处的开元观也纳入了博物馆免费参观范围内，由南到北沿山门、雷祖殿、三清殿等中轴线建筑行至祖师殿，边走边了解这座始建于唐代开元年间的道教建筑，最后的祖师殿藻井也颇为精美。

博物馆东边不远处，有一条三义街，取意于刘备、关羽、张飞桃园三结义。狭长的街道保留着古朴的韵味，沿街的瓦房多采用前店后宅式的砖木结构，除了少量建于晚清，建筑多来自民国时期。三义街周围散落着许多冷门景点，其中就有位于北城墙的拱极门（大北门）。曾几何时，这座城门见证着荆州学子外出寻官、仕宦迁官调职，但这些折柳送别的场景如今也只存在于想象之中了。

一直走到荆州古城的东边，去看古城墙。拥有约 2800 年历史的古城墙

将荆州古城环绕在内，现存的六门二楼高高矗立在城墙之上，好不威严。全长 11.28 公里的荆州古城墙虽没有西安古城墙长，但登上一看，就能发现它独有的那份婉转逶迤、依地势而建的巧妙匠心。

最受瞩目的是东城墙中部的寅宾门，门上建有宾阳城楼。20 世纪 80 年代，政府曾对城墙楼台进行维护修缮，但最后还是选择拆除了坍塌的城楼。

重建后的宾阳楼为重檐歇山式，保持了明代建筑的风格。

若不打算上宾阳楼，在古城墙上走走也很不错，而且是免费的。历史爱好者可以走遍余下的公安门、拱极门、南纪门、远安门和安澜门，每个门各有特色。或来到位于远安门的荆州城墙博物馆，了解古城墙的历史与修筑方式。

中午或者下午直奔距市区 40 多公里车程的楚王陵车马阵。"北有兵马俑，南有熊家冢"，名声在外的楚王车马阵不禁勾起人们的好奇心。这里是我

国已发现规模最大、保存最好、陵园分布最完整的周代楚王陵，年代比北边的兵马俑要早个两百年。其中有 43 乘车、164 匹马的 1 号车马坑是已知春秋战国时期墓葬中最大的车马坑，给旅行者以震撼观感。

出土文物陈列馆也不容错过。从仿夯土绘画主题墙开始，地下王国、青铜之光和环幕影院等单元依次从历史、文化和生活等方面还原了时代场景，更有十余处艺术空间装置复活了地下的楚国战士和车马，使楚文明随着马蹄烟尘滚滚而来。

⑤

第二天的行程主要在沙市区。古人建城，水是必不可少的因素，沿长江而建的荆州也不例外；而自古长江中下游的城市都需考虑筑堤防洪，拥有荆江大堤的荆州也是。随着河床上涨，大堤越筑越高，使观音矶上的八面七层万寿宝塔⑤"塔身深陷大堤堤面以下 7.29 米"，成为罕见的地下宝塔。

万寿宝塔修筑于明嘉靖年间，是为嘉靖皇帝祈寿而建。走近一看，便能发现塔身除了拥有许多壁嵌佛龛，连砖头上也都雕刻着浮雕佛像，第一层外的塔基八角处，还各有一汉白玉力士，共同将塔托起。入塔参观能看到 8 米高的接引佛。沿着狭窄的台阶拾级而上，还能在塔顶将长江荆江段的风貌一览无余。

随后向东南行，来到中山公园⑥。全国范围内的中山公园有好几处，沙市区的这座为全国第一大。公园建成于 1933 年，是近百年荆州记忆的集大成者。亭台楼阁、湖泊飞桥等造景以中西合璧的手法为主，是当时荆州开埠接受新潮流的体现。公园内有一座动物园和一处儿童乐园，还可以参观中山纪念堂、春秋亭、卷雪楼和孙叔敖衣冠冢等景点，体会园区漫步的休闲。

逛累了，在大赛巷填饱肚子。每个城市都有属于自己的美食街巷，而大赛巷便是荆州的美食中心，从街头吃到巷尾完全不是问题。你可以在这里找到汽水粑粑、方糕、发糕、焦包等荆州人的童年味道，还可以品尝元豆泡糯米、矮子馅饼、砂锅米线等火爆出圈的地道美食，或者到回头客炸鸡、小胡鸭吃点荤菜，再去黄家塘来一碗牛肉米粉。

最后回到长江边，逛一逛沙市洋码头文创园 ⑧，体验一番荆州的"百年记忆"。当时的人们从洋码头沿水路出发，东达上海，西至四川，北通洛阳，南到长沙。直至中华人民共和国成立后的一段时间，码头都是运输的重要枢纽、经济的重要依靠。

如今，没有了棚户区的遮掩，曾被废弃的码头和厂房等历史建筑在改造下换上了新面貌，厂房和办公楼被保留下来。圆拱形大门、瓷砖墙画、沙市第一辆小汽车等老记忆被保留在一张张照片和一处处建筑的时光痕迹上。

你可以在这儿夜游荆江、扎棚露营，或体验临岸的各式餐厅，遇上美食节、音乐节，也能好好放松一把，沉浸在洋码头带来的新体验之中。

湖南省〇常德市

Changde

常德自古就是鱼米之乡、富庶之地。水伴沅澧，山依武陵，桃花源让陶渊明的描写成为现实。城头山将千年前的故事娓娓道来，沅江上的游船带你驶入夷望溪的秀美风光，壶瓶山巅可尽览湘鄂风光。这里还有远近闻名的米粉，以及豆皮、酱板鸭等令人垂涎欲滴的美食。

DAY 1 ① 桃花源→ ② 夷望溪镇→ ③ 水心寨→ ④ 大樟树村→ ⑤ 常德河街

DAY 2 ⑥ 常德诗墙公园→ ⑦ 壶瓶山

08:00

　　你大概早就听说过"常德米粉"的大名了。在湖南称作"码"的"浇头"，是米粉的灵魂伴侣。牛肉、牛杂、猪脚为口味浓郁的红汤，肉丝和三鲜则为鲜香清淡的白汤。端碗米粉，再加些酸豆角、榨菜和辣椒拌着吃才地道。

　　吃过米粉，前往距离市区约 50 公里车程的桃花源。

　　从唐宋开始，文人们就把这片幽僻的小山谷当作《桃花源记》中"武陵人捕鱼为业"的原型地。秦谷是核心景区，适合闲庭信步，慢慢探索。出秦谷右转，湖边一片桃花林就是桃花山的入口。桃花山上林木遮天，溪水潺潺。进山不远处的方竹亭是一座八角形琉璃瓦顶的明代建筑，山上还有桃花观、遇仙桥等亭台楼阁。湖对岸的桃源山山势较为平缓，从山顶的水府阁俯瞰便是沅江中月牙形的白麟洲，日落后这里就成为古潇湘八景之一的"渔村夕照"。

下午前往夷望溪镇，乘船上溯沅江。在宽阔的江面上行驶约20分钟后，游船会停靠在一座小山——水心寨旁。沿着陡峭的阶梯登上山顶的水心庵，在庙堂后的观景台可尽览沅江风光。接着转入沅江支流夷望溪，两岸时而群山耸立，时而翠竹簇拥，与农田、村舍和古桥绘成一幅田园山水画。

船行的终点是大樟树村，在茶园间的小路上散步时，可留意村中一棵500多岁的古樟树。注意提前咨询行船的往返时间，返程行至水心寨，随着行船方向的转变，沅江从群山之中逐渐显现的画面最令人心动。

晚上回到市区，逛一逛常德河街。河街以老常德时期沅江边上的麻阳街、大河街和小河街为原型。沈从文这样描述麻阳街："那里一面是城墙，一面是临河而起的陋矮逼仄的小屋。"大河街、小河街在抗日战争期间几度遭受摧残。如今，宽阔的石板路两旁摆着铜塑，临街的小吃摊、手工艺品店、茶楼、酒吧和客栈人气超高，成为常德人留住乡愁、延续乡愁的地方。

"那里一面是城墙，一面是临河而起的陋矮逼仄的小屋。"——沈从文

⑥

沅江北岸近 4 公里长的防洪墙上，荟萃了自先秦以来的 1530 首与常德相关的名家诗篇书法碑刻，这就是常德诗墙⑥，并作为"世界最长的诗书画刻艺术墙"被评为吉尼斯世界纪录。诗墙目前为一座公园，渔父阁、武陵阁、春申阁和排云阁四座仿古楼阁，自西向东立于诗墙之间，既是公园出入口，也是防洪闸口。建议从武陵阁入，排云阁出。水星楼和烈士公园就在排云阁北边不远处。

随后前往湖南最北端的壶瓶山⑦。

近 27 平方公里的原始森林间蕴藏着丰富的野生动植物资源，是国家级自然保护区。这里山清水秀，恬静安逸，巍峨青山和险峻陡峰打造出一座徒步爱好者的天堂。

游道直通山顶，瀑布溪流、奇花异木和鸟语虫鸣一路相伴。10 月底至 11 月，这里还会有红叶如炽的斑斓秋景。

登山之路全长约 5 公里，海拔升高约 1000 米，往返需要 5—6 小时。大洞坪是徒步的起点，沿着小径慢慢向上走，可以看到茂密的森林和飞流而下的瀑布。半山腰的哨所是路程中点，最好在此补充能量，因为接下来的路段将是无休止爬升的陡峭台阶。

途中路过湖南省与湖北省的界碑，此处视野开阔。再爬一阵子就可以到达山顶，近在眼前的茫茫云海如仙境，一览众山小的开阔视野更让人感到潇洒豪迈，也难怪乾隆曾用"壶瓶好景看不足，来生有幸再重游"的诗句来形容它。

从常德诗墙前往壶瓶山的车程十分漫长，且由于山顶风大气温低，记得带上防风保暖的衣物、水和零食。建议预订好民宿，如果你不是自驾前往，可以和客栈老板打好招呼，商议好交通接驳。

广东省○珠海市

珠海，如同它的名字一般，在整个珠三角地区都格外耀眼。600多公里长的海岸线蜿蜒曲折，周边100多座岛屿星罗棋布，更有热门亲子游目的地长隆海洋王国。择一周末来此度假，舒服到不想离开。

珠海长隆海洋王国

长隆大道
海豚岛
长隆海洋王国
海洋奇观
海象山
企鹅馆
海岛世界
白鲸馆
北极熊馆
鳄鱼
百鸟乐园
水母园

珠海长隆海洋王国见插图

珠
江
口

情侣中路

"浪漫之城"珠海环境宜人，28公里长的情侣路沿途不仅有绝妙海景和众多打卡点，还能远眺港珠澳大桥。从情侣路南边开始游览，第一站是免费的海滨泳场，宽敞的沙滩上扎满帐篷，你可以尽情踏浪或是加入挖沙大军。泳场北区有一个爱情邮局，在这里寄出盖有"爱情邮局"纪念章的明信片，随后沿着栈道走到尽头，就是灯塔。蓝白色的灯塔矗立在海边，是一处非常出片的景点。

回到情侣路继续向前，绕过棱角咀，来到珠海渔女跟前。这座花岗岩雕像屹立在香炉湾畔，只见渔女领戴珍珠，挽着裤脚，披着渔网，双手捧着一颗高雅纯洁的珍珠。如今这处景观已经是珠海的一张名片。

从渔女雕像到望海楼公交站，穿过马路就是景山公园（景山原名石景山）的索道入口。可乘索道登上山顶观景台，步行则需约半小时。

在观景台吹着海风，欣赏珠海的海景与城市建筑。下山时尝试坐滑道，全程约 1 分 30 秒。虽然有工作人员控制车速，但偶尔还是会和前面的车子碰撞，十分刺激。

从公园出来后继续沿着情侣路向北，最后到达野狸岛。岛上的珠海大剧院是地标建筑，因其造型为一大一小两个"贝壳"，又称"日月贝"，有着"珠生于贝，贝生于海"的浪漫意境。珠海大剧院也是我国唯一建在海岛上的大剧院。

除了可欣赏演出，野狸岛还非常适合骑行或是徒步环岛，1 小时内均可完成。累了的话在海边坐着休息，轻松惬意。要想拍出大剧院日月同辉的全貌，回到情侣路上找一个合适的角度即可。

⑦

珠海长隆海洋王国位于市区西南约30公里处，去之前在"长隆旅游"小程序查看一下排队等候时间，合理安排游玩路线及设施。

进门后直奔鲸鲨馆。穿行在弧形的水底长廊，成千上万的珍稀鱼类从身边游过，圆形穹顶透现出五光十色的海底世界。玻璃观赏屏高8.3米、长39.6米，除了可观赏鲸鲨，更有直径达4米的魔鬼鱼。鲸鲨馆入口还有一个绝佳拍照点——小丑鱼天窗，别错过。

随后前往白鲸剧场观看演出，可爱的白鲸会在水中做出跳跃和360度旋转等高难度动作。看完表演去坐冰山过山车凉快一下，然后错开饭点，去旁边的横琴湾畔餐厅吃午饭。

恢复体力后，前往不远处的北极熊馆。北极熊馆有上下两层，在下层可以看到头顶水池里北极熊的屁股蹲儿；隔着巨大的玻璃，你还能近距离看到它们矫健的泳姿。此外除了主角北极熊，馆内还生活着棕熊和雪狐。

15 点开始，园区中央的横琴海有海洋花车大巡游。看准时间，从北极熊馆出来后，往企鹅馆方向走，静候巡游车队到来。看完巡游，在超级激流穿着雨衣倒着玩一次过山车。接着来到 5D 城堡影院休息，并在附近餐厅饱餐一顿后，等待夜光巡游和海上烟花秀，为这充实的一天画上浪漫句点。

广西壮族自治区〇北海市

Beihai

三面临海（北为其一）的北海，近年吸引了越来越多的人在这里"躺平"，温暖舒适的气候、沙质一流的沙滩、口味独到的广西料理，再加上梦幻般的银滩日落——这座极具性价比的海边城市可以圆你"面朝大海"的美梦。

北 部 湾

涠洲岛
蓝桥
北海涠洲岛湿地公园
龙王庙
贝壳沙滩区
暮崖　　圣母堂
石螺口海滩
火山口地质公园
鳄鱼山

涠洲岛见插图

DAY 1 ┃ 1 老街→ 2 冠头岭→ 3 流下村→ 4 银滩→ 5 侨港风情街

DAY 2 ┃ 6 鳄鱼山→ 7 南湾海鲜市场→ 8 五彩滩→ 9 天主教堂

早晨可以从老街开始逛。老街不仅是北海最繁华的商业街区，也是最具标志性的街道。当年经营渔业用品的商铺如今已经变为餐厅、咖啡店、酒吧和民宿，供应性价比极高的新鲜海产以及种类多样的粤式甜品。沿街的几百栋骑楼历史悠久，值得驻足仔细欣赏。街两侧墙面的窗顶多为拱券结构，外沿及窗柱顶端都有精美的雕饰线，线条流畅、工艺精湛，不同式样的装饰和浮雕形成了南北两组空中雕塑长廊。

如果想找一处俯瞰北海的地方，冠头岭绝对是不二之选。这座海拔120米的小山丘位于北海最西端，同时也是北海地势最高处，山上植被茂盛，非常适合散步、发呆、看海。冠头岭山道宽阔，可以从半山腰的普度寺出发，沿公路慢慢行走，一路上透过树丛欣赏大海。

走下冠头岭，前往附近的流下村。这里原是冠头岭山脚的一座小渔村，如今遍布餐厅、咖啡馆、民宿。红砖瓦房、宽大的院子、田园秋千、涂鸦房和干净的柏油路，极其出片。下午不妨在老道咖啡点杯咖啡、花茶或是水果茶。这家咖啡店还有个宽敞院落，氛围闲适。

傍晚去银滩看日落。银滩沙质细软，海岸线长，有足够的空间游泳或散步。黄昏时分，白沙在阳光下熠熠生辉，搭配海面上变幻的天光，一定能满足你对海边日落的所有期待。

除了欣赏日落，还可以试试沙滩车、气垫船、摩托艇等水上项目，或是租个太阳伞和躺椅，边晒太阳边发呆。

晚上一定要去侨港风情街吃顿越南风味大餐。20 世纪 90 年代，侨港附近曾建起居民楼、学校、渔港等配套设施，专门为了安置 8000 多名旅越难侨。如今的侨港风情街有许多越南和广西本土美食店，侨越世家越南卷粉、二十四幢糖水、有间冰室都是人气极高的店铺，到了饭点几乎每家都是大排长龙。

侨越世家越南卷粉
地址：桥港镇侨南路 11 号
营业时间：8:00—23:00

二十四幢糖水
地址：侨南路侨港风情街 24 栋 14 号
营业时间：10:00—24:00

有间冰室（侨港风情街店）
地址：侨港镇小港北二路 12 号
营业时间：9:30 至次日 1:00

⑥

北海以南21海里的涠洲岛，是我国最年轻的火山岛。岛上慵懒悠闲的生活节奏，步入正轨的旅游开发，日趋完善的旅游设施，都可以成为你登岛的理由。

如今环岛公路已经修好，可以乘观光电动车或是三轮摩托车环岛观光，西角码头或是北海国际客运港附近有许多电动车、摩托车租赁店铺。

如果是电动车、摩托车环岛，基本一天就足以转完整个涠洲岛。建议逆时针环岛，第一站鳄鱼山是岛上最值得一看的地质景观。完备的木质栈道、视野极佳的观景台以及详细的植被介绍，都能帮助你进一步了解涠洲岛。千万不要错过架设在海面上的木质栈道，一路上你可以欣赏火山地质，深入海蚀洞穴。

⑦
中午去南湾海鲜市场饱餐一顿。因为紧挨渔船码头，这是涠洲岛最繁忙热闹的地方，既有海鲜摊档，也有成熟的餐厅。你可以挑选海鲜，到餐厅加工烹饪。涠洲萍姐正宗糖水、无意馆、小食光都是很受欢迎的餐厅。

吃完午饭，可以前往海鲜市场东面的五彩滩，这里有造型奇特的海蚀崖、海蚀洞、海蚀平台等景点，相比鳄鱼山，这里游客更少，也更容易出片。

从五彩滩往北就是涠洲岛最为醒目的建筑——天主教堂。这座外墙斑驳的哥特式教堂位于盛塘村，由法国传教士花费十年时间修建，建筑材料全部取自岛上的火山碎屑物、珊瑚和火山熔岩，完全是座因地制宜的建筑。

教堂内部同样值得仔细欣赏。精美的拱顶以及耶稣、圣母玛利亚的雕像，塑造了肃穆沉静的氛围。教堂侧门外还有一座精巧的法式小花园，黄色小洋房、石雕喷泉以及修剪整齐的鲜花灌木，随手一拍都是大片。

涠洲萍姐正宗糖水
地址：南湾街干货水果市场最里排商铺
营业时间：9:00—23:30

无意馆（涠洲岛店）
地址：红旗街 91 号
营业时间：9:30—22:00

小食光（总店）
地址：涠洲岛南湾红旗街 120-16 号
营业时间：10:00—15:00，17:00—22:00

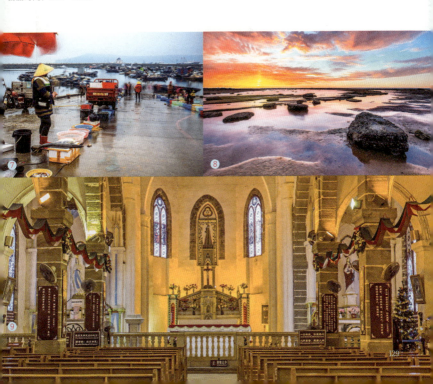

海南省〇儋州市

Danzhou

说起"带货大师"苏轼笔下的城市，可别漏了儋州。这处位于海岛西线的小城，不仅藏着东坡先生在此地的功业，同时也包罗着雷琼火山带的地貌景观、海岛居民的原生态传统文化，和新开发的观光旅游休闲项目。在这里，虽然旅行者不能再对苏轼"九死南荒吾不恨"的心境感同身受，但定能让你体会"兹游奇绝冠平生"。

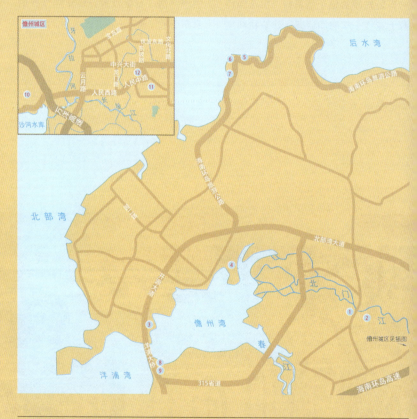

DAY 1
1 中和古镇 → 2 东坡书院 → 3 洋浦千年古盐田 → 4 盐田村 →
5 龙井沙滩 → 6 龙门激浪 → 7 五彩湾

DAY 2
8 白马井镇渔港码头 → 9 涌泉市场 → 10 儋阳楼 →
11 那大基督教堂 → 12 那恁夜市

儋州的旅游景点多数不在城区，向西北驱车约 42 公里，前往中和古镇。 先填饱肚子，据东坡先生食谱，早餐推荐"白馍千层堪可餐，鱿鱼虾米辍成斑"里的白馍。随意挑一家卖馍铺子，里面除了白馍，还有灰水馍（碱水馍）、芝麻馍、萝卜馍等各式各样的馍，让你眼花缭乱。不同于西北地区干硬的馍，儋州的馍更似糯米糍粑：由米浆蒸制而成的馍软滑又黏稠，辅以各种佐料，风味自成一派。

买过早餐便边吃边逛起来。中和古镇的观光区域其实并不大，充满南洋骑楼风情，保存着城垣、州治、书院、庙宇、庵堂、井泉、街巷、石塔等十三处古迹。你可以去关帝庙、宁济庙、武定门走一圈，也可以在古街上看看风雨在骑楼上留下的斑驳痕迹。

中和古镇的另一大看点，便是探寻东坡足迹。苏轼晚年被多次贬谪，最后去的便是儋州。算起来苏轼在这里只待了三年，但他给儋州，甚至给海南这处当时的"蛮夷之地"所带来的帮助，足以让后人敬仰。当年在桄榔林中建起的三间毛草庵早已坍塌，故居桄榔庵里如今仅留一块文物碑。

接着前往离古镇不远的东坡书院。苏轼在儋州的第一大功绩，莫过于为学子们传道、授业、解惑。这里的第一位举人、第一位进士，都曾在苏轼门下受教，而书院的建立为此地带来了教化之风。东坡书院原名"载酒堂"，于北宋绍圣五年（1098 年）修建，后多次重修。

跨进书院大门，依次游览载酒亭、载酒堂、东坡祠、劝耕圃等景点。书院大殿在载酒堂后面，两者相隔一庭院，庭院中有一棵百年杧果树。东坡讲学的彩雕陈列于大殿正中。大殿和两侧耳房，展出书稿墨迹、文物史料和著名的《坡仙笠屐图》。东坡祠门口还有两块从桄榔庵移来的元代石碑。有时间的话，试着找找书院里栽种的奇特的"狗仔花"。

离开东坡书院，前往 20 多公里车程外的洋浦千年古盐田。参观前，先在路边买点用古法晒盐制成的盐焗鸡尝一尝。一只鸡的价格在 40—70 元，视鸡的品种而定。点一杯海南人夏日离不开的老盐柠檬水，或来上几个鹌鹑蛋（比鸡蛋更入味），盐味十足。

饭后在盐田边消遣。儋州这片盐田有 1200 余年历史，目前为了保护盐场，已不允许游客进入盐场深处。不过站在外头，依旧可见许多由火山石加工而成的石槽，以及上面正在结晶的卤水。

再去盐田村走走，这处沿海村庄的村民们曾以晒盐为生，但蓄海水、晒盐泥、滤出卤水，再晒成盐的一套手工制盐工艺已经鲜有年轻人继承。村

子里保留着由火山岩建成的房子、七扭八拐的道路，运气好的话，还能听一耳朵入选非遗的儋州调声。

休整完毕，下午从洋浦出发，到达峨蔓镇的火山岩海岸，从龙井沙滩开始游览。若刚好碰上退潮，请不要犹豫，找一处平缓的滩涂，挽起裤脚就可以开始赶海。滩涂水浅又清澈，即使对埋头挖沙子不感兴趣，也不妨下来清凉一阵子。上岸后，沿着沿海公路往西行走约 10 分钟，就能看到最负盛名的龙门激浪。经数十万年的海水侵蚀而形成的"龙门"原为天然火山礁石，

高 30 余米，宽 20 余米，呈拱门形状。退潮时海水离海岸还有这一段距离，但若是遇见涨潮或大风天气，海浪撞击礁石的声音将响彻十里。

赶在日落之前离开龙门激浪，一路南下行至五彩湾，等待夕阳的到来。峨蔓火山岩海岸形成于约 100 万年前的火山爆发，海滩黑色的火山礁石、岸上火红的火山岩，还有岩缝里野生野长的仙人掌——西部海岸原生态的魅力在这里体现得淋漓尽致。你可以站在岩石的高点俯瞰大海，或下到不远处的兵马角，欣赏斜阳映海岸。

⏰ DAY 2

⑧ 白马井镇渔港码头→ ⑨ 涌泉市场→ ⑩ 儋阳楼→
⑪ 那大基督教堂→ ⑫ 那恁夜市

在开启第二天的旅行之前，请确保你有一个能装得下儋州美食的胃。

在这座靠海而生的城市，不来点海鲜就说不过去了。起个大早来到白马井镇的渔港码头，临时农贸市场上已摆满一排新鲜的海货，虽然近几年会偶遇

一些外运过来的冰鲜鱼目混珠，但认真挑选的话还是可以买到心仪的海货。若实在不好下手也不必担心，就当来赶个集，镇上其他市场的海货也很多。

走上 10 分钟，来到涌泉市场附近，路两旁也陆续支起了小摊。在儋州，

糕馍不分家，比馍更松软的糕点，同样是当地人喜爱的美味早餐。除此之外，类似于猪肠粉却内含青木瓜、花生、豆角的猪肠膜，或新鲜出炉的玛仔（儋州对萨其马的叫法）也可以列入早餐清单。若吃完炸煎堆和炸蛋散等炸物，需要配上一碗清补凉或鸡屎藤润喉下火，糖水里还得加个鹌鹑蛋或鸡蛋。白马井镇没有过多的旅游景观，推荐你吃完早饭后，在镇子上多逛逛。但别以为这是消食，遍布小镇各个角落的美食摊贩会让你饱腹而来，再饱腹而归。

在涌泉市场，或是去白马井第一集贸市场和白马井菜市场，挑选午餐的海鲜食材。这里有琳琅满目的海鲜，文蛤、花甲、带子螺、花蟹、皮皮虾和鲍鱼，

怎么搭配都不会出错。若是在生蚝肥美的春冬季节来访，挑上几个一起拿到海鲜店加工，放上蒜蓉和辣椒小烤一下，这滋味恐怕就连东坡先生也会连连称绝。倘若海鲜下肚还不过瘾，走到同在镇子上的宏妃红鱼煲饭店，来一碗招牌红鱼煲仔饭。米饭在油汤里浸泡后，每一粒米都渗入了红鱼干的鲜美，还可以根据喜好另加排骨、腊肠等食材。

午后沿着万洋高速向东南行驶50公里，原路返回市区，开始半日 city walk。首先来到位于那大镇的儋阳楼森林公园（免费，但需提前预约）。园内的主要景观是位于马鞍岭上的儋阳楼，登楼有两种方式：乘坐 20 元往返的电瓶车，或是花 20 分钟徒步。

儋阳楼是 2022 年新开放的仿宋建筑，共 9 层，高 57 米，仰观十分宏伟。目前开放的仅有 3—4 层的儋州历史博物馆，还有最高层的观景台。在观景台可俯瞰整个儋州市区的景色：西北边紧挨着的就是海南大学儋州校区和海南热带植物园，南边则是连成一片的云月湖，山水一并跃入眼中。

从山上下来，沿中兴大街往东行 15 分钟，到达那大基督教堂。建于清宣统元年（1909 年）的那大基督教堂建筑群，拥有较为完整的 1 幢主教堂、1 幢神学灵修楼和 5 幢牧师楼。主教堂坐北向南，是基督教流入海南、传入儋州的重要历史物证。往日，教堂在一众茅草屋中一枝独秀，如今四周建起了与它相差不大的楼房，荒地上也划分了街巷。教堂的不远处就是解放路和幸福路，一条为人文风情街，另一条则是美食小吃街，自行选择一处打发时光。

美食之旅当然要以美食结束。夜晚的那恁路上，夜市摊和商品摊分两列排开。除去一些各大夜市都有的小吃，本地的炒田螺、烤海鲜，或是让你眼花缭乱的热带水果，都是不错的选择。儋州的商贩们少有"宰外地游客"的行为，大可放心吃喝。

宏妃红鱼煲饭店
地址：人民路白马井宾馆西南 80 米
营业时间：7:00—14:00

重庆市

作为大都市的重庆早已不是什么新鲜目的地，但这里总有能力给故地重游的旅行者提供源源不断的新鲜感。穿城而过的两条大江，延绵不绝的山脉——在与地理限制的长久较量下形成的城市格局，如今成为让竞争者甘拜下风的天赋。回头客已经习惯在错落的阶梯中寻找惊喜，以及夹藏在巷道中的本地美食。再进一步的旅行者，则会找个周末，沿着嘉陵江逆流而上，越过影影绰绰的高楼，深入城市以北的老街区：一天用来寻访北碚的温泉、寺庙和渡口，漫步于绿树成荫的老街和古道；一天继续北上前往合川，梳理钓鱼城与世界历史之间的紧密联系，再在旧厂废墟里见证艺术园区的诞生。

重庆城区

重庆城区见插图

⏰ **DAY 1** ① 罗佳羊肉粉 / ② 松毛蒸饺→ ③ 北碚博物馆→ ④ 金刚碑→
⑤ 张飞古道→ ⑥ 澄江老街→ ⑦ 温泉寺

⏰ **DAY 2** ⑧ 合川钓鱼城→ ⑨ 彭婆婆粉馆→ ⑩ 海佛寺

嘉陵江畔、缙云山麓的北碚是一个有着非凡历史的城区，因地处重庆以北、江中有巨石曰"碚"而得名。走进清晨的雾气中，在罗佳羊肉粉点一碗香辣的羊肉羊杂米粉，大片羊肉、卷曲的羊肚，搭配上韭菜段和泡菜，吃上一口就足以为你充满电。如果你偏爱清淡，也可以到松毛蒸饺这家开了十多年的老店，来上一笼松针打底的手工蒸饺。

建议花一个小时去北碚博物馆了解该地的历史沿革。北碚曾是清净的修佛之地，到近代，在爱国企业家卢作孚的主导下成为一座功能齐全的现代城镇，抗战时期曾作为大量政府机构、重要人物的迁居地。美国《亚洲和美洲》杂志曾刊登文章称，北碚是"平地涌现出来的现代化市镇""迄今为止中国城市规划最杰出的例子"。

金刚碑老街仍保留着关于这些风云往事的记忆。康熙年间，金刚碑因采煤业成为一个热闹的集市码头。抗战时期，国民政府的许多机构、教育单位和军工企业迁驻至此，名人大腕也随之来到金刚碑。

沿着嘉陵江往山上走，踏上起伏的石板路，在山壁的巷道和小径中回顾抗战历史：这里仍保留着国民政府主计处统计局旧址、中央赈济委员会民利制革厂旧址、国民政府经济部部长翁文灏的旧居、正中书局装置印刷机的防空洞和用于撤离的地道……建筑附近都写有文字介绍，助你详细了解那段历史。

金刚碑老街盘踞在缙云山山脚起伏的坡地上，被丰茂的植被和浓重的雾气所掩映，放眼望去满目苍翠，其间有涓涓溪流顺着山沟流进嘉陵江，景色会让人联想到过度商业化之前的磁器口。

来到北碚，豆花饭是不可错过的平价美食。张豆花、李豆花、罗豆花、贺豆花，往往随便挑一家都能满足味蕾挑剔的老饕。不过对于当地人来说，总是只有一家才称得上是独家私藏的心头好。曙光食店被不少人称作"本地米其林"，芋儿鸡、水煮牛肉、鱼香肉丝、麻婆豆腐等经典川菜都值得一试。

吃完饭，去对岸的张飞古道开始徒步之旅。这条道路曾是重庆通往川北、甘陕的一条路，经合川、南充、阆中等地，在广元附近与古蜀道金牛道相接，相传由张飞带兵经过时开凿，原有40多公里，如今剩下大约3公里绿树参天的步道。

行至白羊背，不妨乘船到对岸澄江渡口，2元钱的渡轮至今仍是部分居民

① ④

罗佳羊肉粉（茂源名庄店）
地址：金华路 313 号

公毛蒸饺（静宁路店）
地址：解放路 63 号
营业时间：7:00—13:00

李豆花
地址：北京路 30 号
营业时间：7:00—20:00

曙光食店
地址：北温泉街道金华路 313 附 41 号
营业时间：11:00—14:00，17:00—20:00

的交通工具。随后，步行到澄江老街体验慢生活，这里仍保留着 20 世纪八九十年代的风貌和低于市区的物价。

北温泉是重庆周边最负盛名的温泉之一，旁边的温泉寺提供斋饭。这座安静的古刹和山上的缙云寺一样始建于南北朝刘宋景平元年（公元 423 年），有不少名人雅士来此参拜、下榻。1932 年，太虚大师在缙云寺创办汉藏教理学院，温泉寺也随之成为闻名海外的佛教研习地。历史上，这里曾几经变故损毁，2023 年再次在原址翻新并对外开放。

在午后或晚间泡温泉是大多数重庆人去北碚的原因，这里温泉选择众多，丰俭由人，温泉寺附近的柏联温泉提供价格不菲但颇具禅意的住宿选择。

如果时间充裕，还可以坐上彩色的索道上缙云山，花一天时间徒步登山，探索 1500 年历史的缙云寺；对青年文化感兴趣，则可以去逛逛西南大学，学校周边遍布有活力的小店。

⑦

8

从北碚继续北行,来到合川钓鱼城。崖壁上的钓鱼城矗立在嘉陵江、渠江、涪江三江交汇的半岛上,名为护国、青华、镇西、东新、出奇、奇胜、小东、始关的这八座城门紧紧地守护着城内的官兵和民众。因一场漫长而戏剧化的战事,钓鱼城成为历史爱好者口中改写了亚太历史的"东方麦加城、上帝折鞭处"。

1258年,蒙哥大汗率大军南下,打算顺江东进,取道重庆,与忽必烈、

兀良合台的另两路大军会师灭宋,而钓鱼城是此行的一道重要关卡。然而,蒙哥次年8月便死在钓鱼城下,所向披靡的蒙古大军则在这里被拖了36年之久。

考古工作者认为,钓鱼城借助三面环江、水陆结合的半岛地势和既自给自足又内外呼应的城池格局,形成"控山锁江",山、水、地、城、军、民六位一体的防御体系。在王坚、张珏等将领的率领下,钓鱼城历经大小

战斗 200 余次。1279 年，钓鱼城弹尽粮绝，守将王立为避免生灵涂炭，在忽必烈"不屠一民"的承诺下，最终开城归顺。

从山脚拾级而上，护国门耸立在高高的石阶上。这道门属于城南的第二道防线，是八座城门中规模最大的一个，门洞上题有"全蜀关键"四字。踏入护国门，才算进入了钓鱼城。当年护国门前设有用于出入的栈道，遇到敌情可以迅速拆除，使道路中断，如今还可以看到这些栈道残存的石穴。钓鱼城内，城墙将整座山围成一圈，在城墙边可以远眺三江风景。

除了炮台、水军码头、兵工作坊、军营等城防工事遗存，在钓鱼城还可以看见宋唐时期的摩崖造像。其中的一尊身长 11 米的卧佛以一块悬空崖壁刻就，因此被称为悬空卧佛。这尊佛像面容端庄，体态丰满，展露出一种大气的美感。

合川本地美食也很多，合川桃片是

彭婆婆粉馆
地址：嘉滨路 88 号

简爱花艺餐厅
地址：嘉滨路 89 号
营业时间：9:00—18:00

重庆人家喻户晓的美食，合川肉片则是当地人的心头好。此外，合川水粉也很值得一尝。中午去彭婆婆粉馆来一碗传统的合川水粉，解决美味又轻便的一餐。或者去隔壁的简爱花艺餐厅，在花香中尝尝地道川菜。这里的炒风吹肉值得一试，如果运气好，还能吃到根据季节供应的泡椒鱼蛋。

离开钓鱼城，在回程路上顺道前往海佛寺。寺庙始建于明代，后经数次扩建修缮，成为一处香火繁盛的庙宇，近几十年在城市化过程中逐渐被冷落。如今，烟火气被苍翠的草木取代，寺内一尊观音像静坐在嘉陵江边，面朝流水，背对香客，站在对岸也能看见。每到涨水季，这尊观音会被江水淹没至腰身，因此也被称为"坐水观音"。

海佛寺所在的盐井老街有 600 多年历史，留有不少保存完好的旧宅和民居。这条沿江而建的街道如今正成为年轻人拍照打卡、寻找往日时光的去处。

四川省○绵阳市

四川第二大城市绵阳低调内敛，这座别名"涪县"的城市自古就是"蜀道咽喉"，如今坐拥"中国科技城"名号的它更是魅力十足。你可以夜登越王楼，感受"手可摘星辰"的震撼，也可以追寻诗仙的脚步，探寻"轻舟已过万重山"的豪迈之气究竟从何而来。此外，绵阳周边还藏着一座"深山故宫"等你去探索。对了，可别忘记打卡绵阳米粉和江油肥肠！

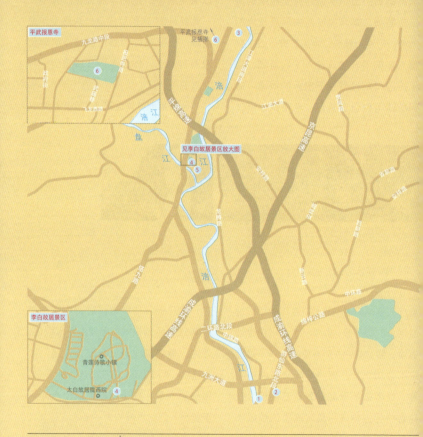

DAY 1　　1 越王楼→ 2 绵阳市博物馆→ 3 李白纪念馆→ 4 太白碑林→ 5 太白祠

DAY 2　　6 平武报恩寺

①

如果周五晚上到达的话，在铁牛广场可以看到灯光映照下的越王楼①。付费登上最顶层观景台，三江六岸尽收眼底，望着城区的灯火，体会这座城市的夜间魅力。

周六清晨，再来仔细观察这座壮观楼宇。屹立于涪江江畔的越王楼始建于唐高宗显庆年间，为唐太宗李世民第八子越王李贞任绵州刺史时所建，与黄鹤楼、滕王阁、岳阳楼并称"唐代四大名楼"。

历史上关于越王楼的诗词无数，但是最著名的莫过于诗仙李白的那句"危楼高百尺，手可摘星辰"。2011年重建的越王楼层层叠叠，雄伟宏壮，飞檐走壁，钩心斗角。

认识了见证大唐荣耀的越王楼后，前往藏品大有来头的绵阳市博物馆参②观。绵阳市博物馆是汶川地震灾后重建项目，馆内藏品总数 3 万余件（套），主要以绵阳历史文物为主。镇馆之宝之一是我国迄今发现的体量最大、最完整的汉代铜马。这个名为"东汉大铜马及牵马俑"的宝物不仅造型特别，制作工艺也很精湛。

另一件宝贝是首批禁止出国（境）展览的文物东汉摇钱树，它整体由红陶树座、青铜树干、枝叶等共29个部件衔接扣挂而成，是国内现存体型最大、保存最完整的一株摇钱树。

参观完博物馆，在市区内品尝一碗绵阳米粉，市区内每家店都有自己的特色，不容易踩雷。吃饱后驱车向北，前往40公里车程处的诗仙故里——江油。虽然江油作为李白的出生地还未有定论，但是可以确定的是，李白在这里度过了他的青年时代。

想要追寻诗仙踪迹，先去李白纪念③馆看看。纪念馆为仿古式园林建筑，馆内收藏有历代李白诗集版本、历代名家书画精品等文物资料。

江油南边的青莲镇则是李白真正居住过的地方。镇上的太白碑林是一处④李白文化主题公园，园内有太白楼、陇西院、李白诗精品园、清风明月园、故园山水园等景点。

其中陇西院由李白自传"陇西布衣"得名，是一座很大的四合院。院子的正

上方建有"陇风堂"，是举行祭祀的地方，左右两边是厢房。太白碑林内还有刻在石碑上的、由不同书法名家撰写的李白千古名篇，诗歌与书法的结合，创造了一个独特的艺术世界。

青莲古镇的东南角则设有太白祠，⑤据记载，太白祠初建于宋代，祠内有文物陈列室和古碑数座，还藏有祭祀李白的圣器"太白架"。太白祠建筑古香古色，祠内古木苍翠，风景四季宜人，是人们凭吊诗仙的静雅之地。

回到江油，一定要品尝一下独具特色的江油肥肠，红烧的肥肠爽滑鲜香、油而不腻，别提多下饭了。

 DAY 2 | ⑥ 平武报恩寺

　　行程第二天，从绵阳向北驱车约165公里，前往平武县龙安镇的平武报恩寺。它是一处保存完整的明代早期宫式寺庙，也是少见的建在少数民族地区的汉式建筑风格藏传佛教寺院。

　　报恩寺中轴线上有四座大殿，依次为山门、天王殿、大雄宝殿和万佛阁，两边对称有南北御碑亭、回廊、大悲殿、华严藏等。由于报恩寺山门前的广场、经幢，两侧的八字琉璃墙以及寺内的金水桥等都和北京故宫相似，总体结构布局和建筑风格也一脉相承，因此人们又称它为"深山故宫"。

　　报恩寺有"六绝"，可以在参观时仔细留意：第一绝是建筑材料皆楠木，这本是皇家用材，但平武产楠木，便就地取材；第二绝是斗拱花样众多，共36种，在建筑群中很罕见；第三绝是大悲殿中的千手观音菩萨像，千手前后参差，左右环绕，宛如一株怒放的金色菊花；第四绝是华严藏殿内的转轮经藏，它既是精致的建筑模型，也是出色的工艺品；第五绝是报恩寺内柱额梁枋、天花藻井、脊饰瓦当，乃至香炉

匾额、钟钮等处，或雕或塑，或刻或画，都有龙的形象，因数量之多被称为"深山龙宫"；最后一绝是万佛阁内的壁画，画上人物生动形象，服饰间描以金线，色泽鲜艳，内容丰富，为明代壁画遗产中不可多得的精品。

贵州省○六盘水市

Liupanshui

六盘水位于贵州西部乌蒙山区，夏季平均气温 19.7℃，全年有约 223 天的时间都为凉爽舒适的气候，因此获名"中国凉都"。从贵阳出发，乘坐城际列车只需要约 1.5 小时便能抵达六盘水；若是想要自驾欣赏沿途风光，3 小时的车程也正合适。高山峡谷、日出日落，感受清风为伴、美景相随，收获一夏清凉。

🕐 **DAY 1** 　① 梅花山→　② 佛顶寺→　③ 水城古镇

🕐 **DAY 2** 　④ 乌蒙大草原

①

　　六盘水即便在夏季也十分凉爽，因此出发前务必带上长袖长裤等衣物，不必太厚实，挡风保暖就好。若是周五晚上就出发，可直接落宿六盘水市内的民宿或酒店，为周末两天的行程养精蓄锐。

　　第一天可以从梅花山①开始，景区海拔高出市区 700 米左右，是避暑度假、休闲徒步的理想场所。前往梅花山最好的体验方式是乘坐景区索道——梅花山索道的起点在师院站，全长 9.91 公里，起终点高差 620 米，分别在明湖湿地公园、龙滩大山、梅花山国际滑雪场、高炉村设有站点。

　　索道途经明湖国家湿地公园时，你将看到各类水鸟飞越碧波荡漾的湖泊，彩虹桥如同飘带在湖面摇曳；往前来到龙滩大山中继站，六盘水市最美的水库瑶池近在眼前……索道不断上升，周围山峰云雾缭绕，仿佛进入仙境。

在梅花山山顶的旋转餐厅（海拔2560米）可以远眺市中心城区，纵览峰峦叠翠。同时，这里也是梅花山的人气机位，常年可见摄影爱好者们在此蹲点拍摄云海、雾山与日出日落。

下山后回到市区，来一场浪漫的落日追逐。佛顶寺的名字听起来十分大气，但想要找到它并登顶欣赏城市风光可不容易。

定位"小豆修理厂"或"钟山区明德学校"后，你将看到标志最下方的"佛顶寺"门牌，走进小巷找到"观景台"指路标，右转穿过涵洞与楼梯后便能一路上山。

夏日晚风轻拂，树叶沙沙作响。登顶需步行 30—40 分钟，你将看到被红绸淹没的寺院建筑，身体的疲劳会在夕阳余晖映入眼中的那一刻得到疏解。脚下是六盘水的城市脉络，街道、楼房、湖水，都被绿色山峦轻轻拥抱着，同时被收入眼底的还有六盘水的老地标——水城钢铁厂。

晚餐和夜宵可以在热闹的水城古镇解决。水城古镇始建于清雍正十年（1732 年），紧挨着凤池园，因像一

片荷叶浮在水面上，又称"荷城"。如今的水城古镇不仅保留着百年前的原始风貌，还汇集了数不尽的美味——水城烙锅和羊肉都是很不错的选择。

此外，古镇一把把大红布伞下，是卖烙熟的土豆、魔芋、牛肉等美食的摊位，还有售卖当地特色的羊肉粉、辣鸡粉、牛肉饭、豆汤饭、怪噜饭、甑糕等主食的摊位。沿着烙锅一条街再往里走，当地"黔羊宴""全牛宴""辣鸡宴"、农家菜、咖啡吧、奶茶吧比比皆是。炎炎夏日，在这清凉世界里品美食、享悠闲，真乃赏心乐事。

夜幕降临，水城古镇点亮连绵的灯光，虽身处闹市区，但古镇有一种远离尘世喧嚣的清净之感。饭后来此散步消食，感受古镇的古朴与情怀。城门、古桥和脚下的仿古街道都很适合拍照打卡，若是正巧遇上天降小雨，雾蒙蒙的天气更会为古镇增添一层富有意境的滤镜。

DAY 2 ④ 乌蒙大草原

④ 乌蒙大草原景区位于六盘水市区南边，平均海拔 2400 米，是真正能够感受"19℃的夏天"的绝佳去处（早晚温差大，带好保暖的长袖长裤甚至薄羽绒服）。一望无际的绿色、壮美的日出日落、舒展的云海、震撼的佛光、成群的牛羊，满足你对草原的一切幻想。

"最美不过日初升，最灿不过黄昏景。"夏季日出时间早，若是想要奔赴一场壮阔的草原日出，建议适当缩减第一天的行程，晚上提前进入景区，内有多种档次的酒店可供选择，也可带上相关装备前往营地露营。观看日出可前往观佛台，这是草原上最好的拍摄日出的机位之一。

看完日出后稍事休整，接下来骑马逛草原。草原湖泊长海子很适合骑马，随手一拍都很出片，马匹主人也大都热情友好，可以和他们多聊聊，了解当地的风土人情和草原美食。在百草坪漫步，甚至躺下休息，身旁是青草泥土的香气，眼前是飘荡的云朵，一切自由又美好。"草原佛光"是这里的一大特色，佛光是特殊气候和地理环境下形成的光学现

象，天气骤变导致水汽较大时，光线遇到这些水汽产生折射，才会形成佛光。乌蒙大草原佛光春、夏、秋三季都会出现，出现时间在下午4点至6点左右。

　　乌蒙大草原面积广阔，到处充满惊喜，不用遵照特定的路线游览，随心而动，说不定下一个转弯就会遇见当地特色美食或是另一处美景。不管是驾车飞驰还是纵马驰骋，这片草原定会成为你夏日之旅中难忘的一站。

云南省〇丽江市

虽然商业化已经是丽江的标签，这座名为"大研"的古城仍然有一些值得细细探索的角落。抽一个周末在这里打发时光吧，如有多余精力，就去挑战一下玉龙雪山，近距离欣赏这条"银色巨龙"。

DAY 1　1 大水车→ 2 木府→ 3 狮子山景区→ 4 束河古镇四方听音广场 / 5 茶马古道博物馆 / 6 九鼎龙潭公园

DAY 2　7 玉龙雪山

大研古城是世界文化遗产，始建于宋末元初，历经 700 多年的沧桑变化，是茶马古道上的重要集镇。大研古城不仅拥有历史悠久的建筑，还有优美的自然环境，纵横交错的石板路、白墙青瓦的纳西民居，以及奔腾而过的河水，共同构成了一幅优美的画卷。

北门的大水车是丽江古城的标志景点，河水从黑龙潭一路顺流而下，不分昼夜地推着大水车转动。和大水车合完影，来到古城的中心四方街。每天当地阿妈热情的"打跳"（纳西族民间舞蹈）吸引了不少人的围观，在大树下乘凉也是一件极其惬意的事情。

从四方街向南，前往恢宏瑰丽的木府，木府原为丽江世袭土司木氏的衙署，始建于元代。这座土司府不仅有着华丽的宫殿、精致的雕刻，还承载了悠久的历史和文化，就连徐霞客都曾感叹"宫室之丽，拟于王者"。

木府向西是狮子山景区。狮子山是古城西侧的屏障，山顶的万古楼是俯瞰古城全景的好去处。建筑高耸于山间，青瓦飞檐间带着中式建筑独有的风格魅力。登顶万古楼，不仅可以将古城全貌尽收眼底，丽江新城也可一览无余，雪山亦在北边熠熠生辉。

如果不喜欢喧嚣的人潮，可以从丽江打车前往 5 公里车程处的束河古镇。古镇建于明万历年间，后山是巍峨壮丽的玉龙雪山余脉。古镇内的主要景点有青龙桥、九鼎龙泉、四方听音广场、茶马古道博物馆等。

你可以在四方听音广场欣赏纳西古乐、纳西民族表演，或是在茶马古道博物馆了解有关茶马古道的文化，抑或是经过青龙桥后，沿青石板路到达九鼎龙潭公园，在这里赏鱼、拍照，观看独有的雪山倒映美景。

TIPS
丽江古城需要缴纳维护费，50 元 / 人。可在微信公众号"丽江古城游"在线缴纳，开具发票。

⑦

　　玉龙雪山⑦在纳西语中被称为"欧鲁"，意为"银色的山岩"。其十三座雪峰连绵不绝，宛若一条"巨龙"腾跃飞舞，故名"玉龙"。

　　玉龙雪山共有5个景点：甘海子、冰川公园、蓝月谷、云杉坪和牦牛坪，分为3条索道。大索道景点中的甘海子是游客中心，这里原是一处高山湖泊，后因地质变化，湖水干涸，形成一片高原草甸，所以当地百姓俗称"干海子"，后演变成"甘海子"。这里有成片的野花和牛羊，还有一片被植物映得微微泛绿的冰川。

　　从3500多米的下站乘坐冰川公园索道，迅速爬升至4500多米的上站，一路在云雾穿行，景观十分震撼（注意不要过于激动，容易高反！）。随后到达上站附近的冰川公园，在这里可以欣赏400万年前形成的白水一号冰川，也可以远眺高原草甸和湖泊。如有体力，不妨挑战从4506米至4680米的登山路程，这里会看到很多旅行者和"4680"的标志合影。

　　蓝月谷不需要购买索道票，只需要

购买景区门票和往返大巴票即可。乘坐大巴到水月阁后，有两种游览方式：步行或乘电瓶车（须另外付费）。步行游览大约需要 90 分钟，从镜潭湖起，先往上游走，路过玉液湖后到达白水台，白水台犹如层层的梯田，是蓝月谷有名的网红打卡地之一。玉液湖的碧蓝湖水掩映在峰峦叠翠间，景色醉人。

回到镜潭湖，欣赏一下三瀑叠翠、红仙客栈打卡胜地、一滴水经过丽江等景点后继续游览，路过有着"神似吐着蓝光的月亮"传说的蓝月湖后，到达听涛湖，听一听宛如交响曲的涛声后回到镜潭湖。

第二条索道是云杉坪索道，其终点是被誉为"云龙山中的殉情之地"的云杉坪，这片位于半山腰的高山草甸海拔 3240 米，在这里除了可以观赏近在咫尺的玉龙雪山，还能领略原始森林的静谧，以及欣赏清晰可见的千年冰川和纳西族歌舞。

第三条索道牦牛坪索道通往景区最北处的牦牛坪，这里一年四季风景如画，是玉龙十三峰的最佳观赏地。

西藏自治区〇日喀则市

8世纪，吐蕃王朝的藏王赤松德赞从印度请著名的莲花生大士入藏建桑耶寺，沿途经过日喀则，他便预言，雪域高原的中心在拉萨，其次就是年麦（今日喀则）。如今得见莲花生大士的预言应验，日喀则果真位列西藏第二大城市。

DAY 1 　① 扎什伦布寺 → ② 扎寺饭馆 → ③ 桑珠孜宗堡

 DAY 2 　④ 夏鲁寺 → ⑤ 丰盛藏式餐厅 → ⑥ 纳塘寺

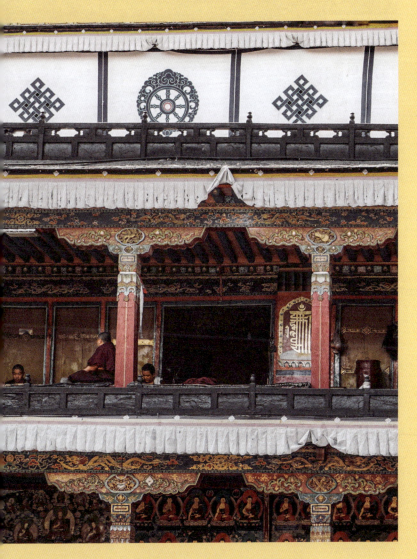

　　前往一座平均海拔将近 4000 米的城市度周末，选择一处能够供氧的酒店尤为重要，如果你的酒店品质较高，那么强烈建议你享受完酒店的早餐再慢悠悠出门，毕竟这可能是你全天最能补充维生素的一餐。糌粑配酥油茶或者咸口的清茶都是很典型的当地早餐，你可以试试。

　　上午先前往位于几吉朗卡路的扎什伦布寺，这颗拥有近 600 年历史的"后藏的心脏"一直在有力地跳动着。与布达拉宫不同，扎寺是一座仍在运转中的寺院，如果你愿意收起相机低调行事，说不定还可以登上僧舍一探

究竟，但注意一定不要打扰僧侣。

　　扎什伦布寺坐落于尼色日山下，整个建筑群依山势而建，3000 多间殿宇房屋错落有致，次第衔接。其中年代最久远的建筑就是措钦大殿，这里是班禅大师讲经和举行佛事活动的大经堂，整座寺院的僧人都会在此打坐。大殿中矗立着 48 根红木圆柱，房梁上的道道经幡随风摆动，正中间摆放着班禅的宝座，数百年来一直不曾改变。

　　强巴佛殿是扎什伦布寺里最宏伟的建筑，位于寺院西部，殿内供奉着世界上最大的铜塑坐佛像——一尊高近 30 米的强巴大铜佛，他的鼻孔中甚

至可以站下一个成年人！大殿根据佛像分为莲花宝座殿、腰部殿、胸部殿、面部殿和冠部殿五层，底下两层楼面内有回廊环绕，每层的四角各铸有铜狮一尊。这尊佛像浑身上下集满了宝石，仅眉宇间镶饰的大小钻石就有 32 颗，可见其地位之尊贵。

释颂南捷就是十世班禅的灵塔殿，它不仅是寺院中最豪华的灵塔，其建筑结构之稳固，还可以扛住八级地震。整座灵塔表面镶金包银，分为三层，底层存放青稞、茶叶等农牧产品，中层用于存放藏传佛教格鲁派佛经著作，

以及历代班禅学法的心得体会，顶层便是 1989 年圆寂的班禅法体真身。

五至九世班禅的合葬灵塔殿被称为扎什南捷，意为"吉祥的天国"。因为他们各自的灵塔皆在"文革"中被毁，所以 1985 年，十世班禅大师为他们重新修建了一座。大殿宏伟壮观，底部一、二层为藏式回廊结构，中部隆起高塔建筑。灵塔被白银包裹，上面镶嵌着无数珠宝。

参观完扎什伦布寺，可以在入口处的文创店带一份小礼物回家。除了文创店，扎寺还有自己的"食堂"——

扎寺饭馆
地址：几吉郎卡路与嘉格孜步行街交叉口东 50 米

扎寺饭馆，它位于喜格孜步行街，就在寺院旁边，午饭就在这里解决。在这家屋顶挂满经幡的大食堂里，放眼望去都是拖家带口的当地人，身为游客的你一定很引人注意。你需要去窗口自助买饭，推荐尝尝包子、藏面，藏面配上酸萝卜是传统吃法，但是当地人通常会在早上吃藏面。

下午，你可以像当地人一样，花1—2小时去转寺。围着扎什伦布寺修建的这条转经道总共绵延近10公里，沿途是各种转经筒、白塔、小佛龛和桑炉。当你走到最高处还可俯瞰整个日喀则。

注意留意位于东北方一座引人瞩目的建筑，你可能会以为是"布达拉宫"，但其实它是桑珠孜宗堡。

600多年前，藏区的行政区划被称为"宗"，每个宗的"政府大楼"就是宗堡，政教功能合一。桑珠孜宗堡就是其中完工的最后一座，因为当时建筑技术已经纯熟，它的规模最大、外观最美，甚至五世达赖喇嘛在重修布达拉宫时，真的就是拿它当作蓝本参照。但这里的开放时间却是个谜，能不能入内参观只能当场去碰碰运气。

DAY 2 ④ 夏鲁寺 → ⑤ 丰盛藏式餐厅 → ⑥ 纳塘寺

早起前往扎西吉彩居委会公交站，从那里花6块钱就可以坐上直达夏鲁寺的班车。这座藏传佛教夏鲁派的祖寺以藏汉结合的建筑风格闻名：传统的西藏风格墙体和庭院中间，居然坐落着搭配琉璃砖瓦房顶的汉式大殿。出现这种奇景是由于在1329年地震后的修复工作中，有众多元朝皇帝派来支援的汉族工匠，他们和当地工匠相互搭配合作，造就了如此混搭又和谐的杰作。

高大的措钦大殿是夏鲁寺的主体建筑，包括大经堂、转经回廊和十多个神殿，供奉着释迦牟尼、无量光佛和慈悲观音等多尊塑像，其中最突出的是夏鲁派创始人布顿·仁钦珠的塑像及其铜质灵塔。注意这里存放着布顿大师编修的大藏经《甘珠尔》和《丹珠尔》的古老木刻版本，这是夏鲁寺的镇寺之宝。

这里的壁画也十分有名，因为其绘画内容与风格都有着承上启下的功能。曾经的壁画很少展现空间感，人物也只有正脸和侧脸之分，但是从夏鲁寺的壁画开始，人物出现了半侧脸的画法，空间排列上也显示出了远近。

另外，由于佛教经印度传来，以前的人物带有浓郁的印度风格，但夏鲁寺的壁画人物出现了种族融合的外貌。可惜的是，这里的不少壁画都因为常年经受香熏，已经发黑，难辨细节。

参观完夏鲁寺后，需要回到日喀则市内，如果你对藏餐的接受程度较高，还愿意继续尝试，今天就去丰盛藏式餐厅吃午饭，它也位于喜格孜步行街上。一行多人的话可以尝尝肉量充足的藏式小火锅，当地人往往会把这种食物看作宴请用餐。此外，土豆包子、油炸的牛肉饼、酸萝卜肉丝、血肠、三丝凉拌都是值得一试的当地菜色。

下午可以包车前往日喀则以西 15 公里处的纳塘寺。这里是西藏最早的印经院，在印经事业上的贡献和地位与著名的德格印经院不相上下。这里曾诞生过最早的木刻大藏经。"文革"期间，印经院包括珍贵的全部经版均已被毁，好在印经技术流传下来。现在来到此处，你有机会欣赏院子里晒着的经文，并观看制作一本经书的考究工序。

丰盛藏式餐厅（喜格孜步行街店）
地址：帮佳孔路与喜格孜风情街交叉口东北 20 米
（步行街 62 号）
营业时间：8:00—24:00

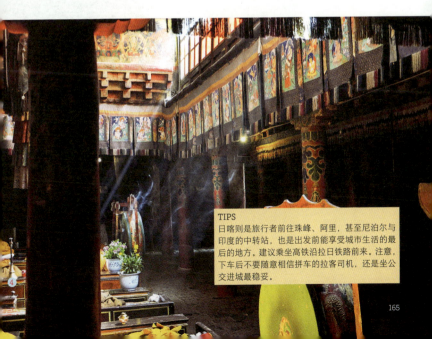

TIPS
日喀则是旅行者前往珠峰、阿里，甚至尼泊尔与印度的中转站，也是出发前能享受城市生活的最后的地方。建议乘坐高铁沿拉日铁路前来。注意，下车后不要随意相信拼车的拉客司机，还是坐公交进城最稳妥。

陕西省○延安市

延安，坐落在黄土高原的核心地带，不仅坐拥黄河之美，还有经风沙和水流塑造的"沟谷型"红层地貌景观。独特的自然风光之外，延安还有深厚悠久的历史，"三秦锁钥，五路襟喉"、黄帝陵所在地，每一个名头都响当当。最重要的是，延安还是"红色圣地"，老一辈革命家在这里生活战斗了十三个春秋，领导了抗日战争和解放战争，培育了延安精神。以黄土高原的"黄色"与革命精神的"红色"为基调，展开对延安的两日探索，在历史与自然中发现这座城的魅力。

DAY 1 ① 壶口瀑布→ ② 子长龙虎山凉汤沾沾→ ③ 清凉山→
④ 二道街夜市→ ⑤ 南门里 PARK 购物公园

DAY 2 ⑥ 甘泉雨岔大峡谷→ ⑦ 延安革命纪念馆

TIPS
壶口瀑布在 8—10 月的雨季汛期时最为壮观，但过大的水量也会影响景区正常开放，因此行前需要关注一下当地的天气动向。

① 壶口瀑布

早上到达延安，以一碗地道的和杂面开启新一天。用豌豆面为主的杂粮面擀制而成的和杂面，又薄又长，煮熟后放入羊肉或洋芋做成的面臊子，暖胃可口。食量大的话还可以加上一份洋芋擦擦，口感偏绵软的陕北洋芋被擦成丝，裹上荞麦粉先蒸后炒。一套"碳水组合拳"下来，蒜泥、辣子、醋和香油的味道令人回味。

横亘于陕西、山西两省之间的壶口瀑布，可分别从两省进行参观。陕西一侧的壶口瀑布景区位于延安市宜川县，距离市区约有 2 小时车程。无自驾打算的旅行者可以参加一日旅行团，或包车出行。

壶口瀑布作为仅次于黄果树瀑布的国内第二大瀑布，以其水势之汹涌，成为许多人的必打卡地。不同于山西一侧以仰观瀑布为主的龙洞，陕西一侧的观景台离河道有一定距离，可以从更高的角度一览瀑布全貌，切身体会"黄河之水奔流到海永不复回"的意境。

感兴趣的话，也能通过大桥来到

山西一侧的观景台。但需再次购买门票，且记得带上雨衣，有备无患。

返回市区略做休整，少不了再品尝一顿延安美食。在二道街的闹市中另辟蹊径，来到开在居民楼里的子长龙虎山凉汤沾沾。店里提供冷热两种沾沾，长签下锅做热沾沾，短签则可以蘸着冷酱料即食，口感更加清爽，可以根据个人喜好无限加串。

饭后消消食，往北走过延河大桥，来到清凉山，来一场石窟巡礼。说起延安，人们马上就能想到"巍巍宝塔山、滚滚延河水"。清凉山虽不如宝塔山闻名，却有着清凉山石窟这样的宝藏。

早在北朝时期，就有人在清凉山开凿洞窟。石窟由桃花洞、万佛寺、僧钢司三大区域组成，目前现存有洞窟 32 座、摩崖造像 2 处，其中万佛洞石窟依山势而凿，规模宏大。在清凉山，你不仅可以看到造型多样的水月观音和神情各异的天王造像，还可以在万佛洞石窟群中参观当年中央印刷厂、纸币厂、卫生所和新华书店等革命文物的旧址。

子长龙虎山凉汤沾沾
地址：二道街夜市利郎男装右手边院内成长幼儿园 2 楼
营业时间：12:00—22:00

李老二羊蹄（二道街店）
地址：二道街中国农业银行斜对面
营业时间：16:00---2:00

晚上返回二道街，热闹的夜市已经拉开帷幕。从早市到夜市，碳水都是这里不可或缺的美食元素，荞面饸饹、镇川碗托、子长煎饼、炝锅面、香菇面，无数面食供你选择。除此之外，李老二羊蹄不能错过，麻辣的羊蹄配上冲鼻的蒜汁，是独有的延安味道。喜欢羊肉的旅行者还可尝试一下肚包肉、羊杂汤。

美景配美食，每晚 8 点后点灯的宝塔山灯光秀是延安的一道亮丽风景线。散步至购物公园南门里 PARK，遥望河对岸的宝塔山，在歌曲与灯光的交融中享受夜晚时光。

DAY 2 ⑥ 甘泉雨岔大峡谷→ ⑦ 延安革命纪念馆

第二天赶早吃碗玉米粥配黄馍馍，或来碗鲜香的擀面皮，向西南方约 1.5 小时车程处的甘泉雨岔大峡谷行进。

延安的"红色"不只存在于革命历史里，黄土之下红色的砂砾岩层，才是延安骨子里的"红"。想直观感受红层地貌，甘泉雨岔大峡谷是最好的天然展览馆。典型的"沟谷型"红层地貌主要由季节性流水塑造而成，日复一日的风雨侵蚀，使这处沟谷呈现出波浪起伏般的纹理，是属于陕北的独一无

"阳光洒在蜿蜒曲折的山体之上，折射出橙黄、褐色、橙绿等色彩。"

二的地质美景。

　　景区分为牡丹沟峡谷、一线天峡谷和桦树沟峡谷三个景点，可以乘坐观光车一一打卡。景区里的最佳拍照时间在中午，这时，阳光洒在蜿蜒曲折的山体之上，折射出橙黄、褐色、橙绿等色彩，色彩艳丽、形态万千，被誉为"黄土高原自然地缝奇观"。

　　从景点返回市区，最后一顿午餐可以"将面食进行到底"。陕北的抿节由豌豆和小麦磨合而成，在抿节床上压制而出，直至煮熟还带有轻微的豆香。抿节可选择浇上素汤或荤汤，一些饭店注重仪式感，还会将十余种

小料用托盘呈上桌，豆腐、山药、西红柿、芝麻、洋芋等随你加。

　　将剩下的时间交给延安革命纪念馆。在广场上瞻仰过矗立的毛泽东铜像后，进入以7个窑洞式的连续拱券为正面设计的纪念馆，馆内的展览区分为多个展厅，呈现了中国共产党在延安时期的政治、军事、经济、文化等方面的发展和实践。

　　你可以沿着延安时期十三年的历史足迹，了解一个个时间点、一组组数据和一个个文字背后的革命历史，体会中国共产党和中华民族精神的重要内涵。

甘肃省〇敦煌市

Dunhuang

"敦，大也；煌，盛也"，敦煌取意盛大辉煌。作为丝绸之路上的咽喉锁钥、对外交往的国际都会、经营西域的军事重镇，敦煌的大名，让人心动。抽出一个周末打卡这座盛大辉煌的城市，一览"如梦敦煌"。

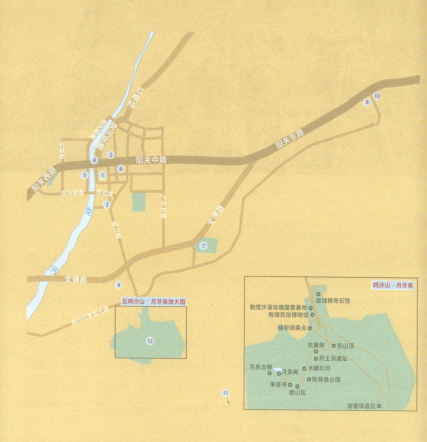

DAY 1 ① 夏家合汁 / ② 靖远尕六→ ③ 敦煌市博物馆→ ④ 敦煌书局→ ⑤ 民族团结广场→ ⑥ 沙洲食驿→ ⑦ 敦煌大剧院 / ⑧《又见敦煌》/ ⑨《敦煌盛典》

DAY 2 ⑩ 莫高窟数字展示中心→ ⑪ 莫高窟→ ⑫ 鸣沙山·月牙泉

初到敦煌，先来一碗羊肉合汁，满足自己的胃。在热乎乎的羊肉粉汤里加入丸子、豆腐条、木耳和特色的肉夹沙（肉与鸡蛋饼混合后的炸物），再来上一张饼子，充分体验碳水的快乐。除了"网红"夏家合汁，随机选择一家人多的羊肉粉店，也不太容易踩雷。

敦煌的羊肉吃法可不止这一种，手抓白条羔羊肉、胡杨焖饼、烤羊腿、烤羊肚……形式众多。去火爆又美味的靖远尕六吃上一顿美味羊羔肉，或是选择在当地集市里大快朵颐。对了，集市上的葡萄干也来上一点，物美价廉。

吃饱喝足后，从敦煌市博物馆开始一天的行程。整个建筑的外形、色调，融长城、烽燧及古城堡式建筑等文化符号于一体，内置 5 个常设展厅，涵盖了这座城市历史上的各个事件。从两汉敦煌的大发展到隋唐五代作为商埠重镇、国际市场、胡商云集的光辉岁月，再到清代对敦煌的开发，历史画卷在你面前徐徐展开。

逛完一路向北，前往敦煌书局④。这个近年备受关注的敦煌文化新地标，集书籍、字画、文创和活动于一体，单是敦煌题材的专业书籍数量就超过1.6万部，足够你在旅行前对敦煌有一个具象的认识。感兴趣的话，参加木骨泥塑、壁画临摹等研学活动，顺路打卡敦煌1900咖啡，或购买文创留作纪念。

从书局出来，在傍晚的党河边漫步。作为敦煌的生命河，党河河水干净清澈，将敦煌城区一分为二，水上平台点缀其间；两岸绿柳成荫，长椅、健身器材随处可见。再沿河走下去，零落的烧烤小摊时刻诱惑着你前去消费几串。也可以前往河西岸，逛一逛民族团结广场⑤。

夏家合汁（天润花园小区店）
地址：西域路天润花园 3 号楼 6 号门店（近达记驴肉黄面）
营业时间：6:00—14:30

靖远尕六美味羊羔肉
地址：北台巷沙州乐园东门口隔壁
营业时间：11:00—15:00, 17:00—22:30

18:00

沙州食驿 · 非遗小吃夜市
地址：西域中路敦煌夜市主街中段中心广场
营业时间：17:30—2:00

在敦煌的第一夜，有两种度过方式：

白天没吃过瘾的话，再前往敦煌夜市里的沙洲食驿饱餐一顿，相信沙葱牛肉饼和杏皮水定能让你难忘，若能接受重口味就再来一份肚包肉。

另一条路线将带你度过一个艺术之夜。在敦煌大剧院看一场1979年开演至今的舞剧《丝路花语》⑦，宏大的场景和舒缓的叙事方式，适合携带家人一起观看；沉浸式演出《又见敦煌》⑧则主打参与感，观众将跟随剧情一同穿越千年，体会古丝绸之路的繁华与美丽；而实景演出《敦煌盛典》⑨以鸣沙山月牙泉为背景，将沙漠景观与现代舞相结合，可全景移动的观众席更是增添一份新奇体验。

来敦煌，不能不看莫高窟。这处文化与艺术的殿堂始建于公元366年，它集齐了从十六国到宋元时期的佛教艺术造像，犍陀罗艺术和中华艺术在这里实现融合。千年后，我们仍能看见在崖壁上开凿出的735个洞窟、数千身彩绘佛塑，以及4.5万平方米的壁画……可以说，这处辉煌的人类瑰宝，封存了敦煌的所有荣光。

来莫高窟千万不要直奔景区——在"莫高窟参观预约网"预约好了的票，需要在莫高窟数字展示中心 10 获取。取出纸质票后，不妨在数字展示中心观看关于莫高窟的起源和几个主要石窟的讲解电影，电影时长约半个小时。

随后从数字展示中心搭乘旅行巴士前往石窟，每批参观者都将在讲解员的带领下游览12个普通石窟，余下还有每日随机开放的特窟，而特窟购票需要在莫高窟牌坊旁现场购买。除了开放的洞窟，景区内的"三馆一中心"——藏经洞陈列馆、敦煌研究院院史陈列馆、敦煌研究院美术馆以及敦煌石窟文物保护研究陈列中心，也适合历史爱好者们前去探究一番。尤其是陈列中心里的 8 个复制洞窟，定是"刷窟"旅行者们的福音。

离开莫高窟，傍晚来鸣沙山。冲沙和骑骆驼暂不列入今日旅行清单，爬沙山才是头等要紧的事。沿着绳索梯子缓慢登上鸣沙山，别小看这登山过程，柔软易陷的沙子会惩罚每一个嘴硬的人。登上了山顶，一边感叹沙漠商队、边疆战士的艰苦，一边慢慢等待落日。等到太阳的余晖落在月牙泉上，今天的旅程才算圆满结束。

沙漠的夜晚并不寂静，风的吹拂和沙的流动，给你制造了入睡前的白噪音。就近选一处沙漠露营地，吃完饭，卸下一天的疲惫躺平。若遇上晴朗天气，夜晚降临后的沙漠上空将布满星辰。在这儿与星空进行对话，或打开 star walk 软件，趁此机会认识一下天上的星座。

青海省○海东市

Haidong

说到青海的热门旅行目的地，海东肯定比不上西宁、塔尔寺和青海湖有名气，但这片河湟谷地自有其迷人之处。清澈黄河流经此地，孕育了青海最早的彩陶文化。唐蕃古道由此而过，散落着藏传佛教的古老寺庙。今天，兰新动车朝发夕至，不妨用一个周末的时间好好领略海东的独特风情以及当地特色美食。

用一碗洋芋酿皮开启周末行。这是用洋芋粉做的一种当地小吃，面皮软糯，口味酸辣，多数街头早餐店都有。

位于乐都区西南约24公里的瞿昙寺有着青海"小故宫"的美名。你很难想象，在略显荒凉的地区，还有如此规模宏大的宫殿式建筑群：中轴线上依次分布有山门、金刚殿、瞿昙殿、宝光殿和隆国殿，两侧则是对称的碑亭、钟鼓楼、配殿等，如果你对中国

古代建筑有所了解，便知道这是典型的汉地寺庙的布局。

位于高台之上的隆国殿，重檐庑殿，规模极高，两翼建有呈向上朝拱之势的连缀抄手斜廊，应是以明代北京紫禁城奉天殿（即故宫太和殿）为蓝本。这并非逾越，你在瞿昙殿殿门上看到的"瞿昙寺"金匾，正是明朝开国皇帝朱元璋御笔亲赐，以奖励当年瞿昙寺住持三罗喇嘛率藏族部众归

顺大明之举。有大明皇帝加持，瞿昙寺的建筑规制自然不低。

更值得惊叹的还在后面。隆国殿两侧走水厅内保存着明代巨幅佛祖本生故事壁画，所有人物、山水、建筑皆用天然矿物颜料绘成，完全就是一幅幅色泽艳丽的工笔重彩人物画和青绿山水画。

接下来，再去青海柳湾彩陶博物❷馆欣赏另一种来自史前文明的绘画艺术。4600多年前，生活在河湟谷地的史前人就已经用泥土与火焰创造出各种形态的彩陶器皿，并在上面描绘出蛙纹、波浪纹、折线纹和菱格纹等丰富的图案，这些彩陶艺术品如今都收藏在这座外形酷似舞蹈纹彩陶盆的博物馆中。

近2万件彩陶器皿均出土于柳湾原始社会墓地遗址的1730座墓葬中，贯穿了马家窑文化的半山、马厂类型

李老五爆炒羊羔肉（碧水园店）
地址：碾伯镇碧水园A7小区西侧
营业时间：10:00—21:30

以及齐家文化、辛店文化等四个文化时期，它们出自不同史前艺术家之手，从造型、纹饰到实用性各有特点。其中还有一位出色的雕塑家，他极富想象力地在一件陶壶上用泥条捏塑出一个同时具有男女性器官的裸体人形，名为马家窑文化彩陶贴塑人纹双系壶，它直观体现了原始社会的性崇拜。这件作品非常珍贵，以至于原件被陈列于中国国家博物馆古代历史厅，你在

这里看到的只是复制品。

河湟谷地出产的民和羊肉久负盛名，当地美食首推以民和羊肉为食材的手抓羊肉和爆炒羊羔肉。晚饭不妨去李老五爆炒羊羔肉饭馆❸品尝一下，人多的话还可以来一份羊肉版的大盘鸡。要吃消夜，可以去西门路十字路口一带，这里有不少烧烤摊店，一到夜间非常热闹。

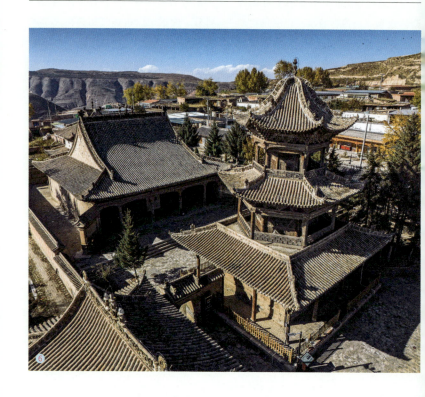

第二天动车或自驾转战平安区，这里是唐蕃古道重镇平安驿所在地，也是宗教文化传播的重要节点，一天时间里你可以欣赏到风格迥异的三座寺庙。

湟水河东岸的丹霞绝壁上，有一座小巧玲珑的"悬空寺"白马寺。沿陡峭木梯爬到二楼殿堂，内有一尊十一面观音像；再上三楼经堂，可以眺望对面的湟水河。别小看这座庙，它可是藏传佛教后弘期下路弘法的祖庭，为藏传佛教在青海地区的延续保存了珍贵的火种。

隐身于峡群寺森林公园的夏宗寺则是另一番风光。格鲁派创始人宗喀巴3岁时曾在这里受近事戒，因此它在藏区的名气很大。到达古寺之前，先要穿过森林公园，一路有丹霞石崖和森林草地相伴。所有寺院建筑傍山依崖，沿石阶和廊道向上攀爬，走过一层又一层狭窄的噶玛噶举庙殿堂，最高处有座清乾隆年间修建的八卦亭，不妨在这里小憩片刻，将夏宗寺和森林公园美景尽收眼底。

返回平安区，简单来碗当地特色的退骨牛肉面，大口吃肉大口吃面的感觉不错。接下来抓紧时间去探访位于高地之上的洪水泉清真寺。当汽车在 20 多公里的乡村公路上拐过 109 个弯道，终于来到洪水村，眼前出现的屋檐飞翘的建筑不会让你失望。

这是一座有数百年历史的清真寺，融合了伊斯兰教、佛教和道教的建筑风格，三层重檐六角攒尖盔顶式唤醒楼更像一座典型的中原汉式楼阁，照壁、山门、唤醒楼、礼拜殿等建筑布

"到达古寺之前，先要穿过森林公园，一路有丹霞石崖和森林草地相伴。"

满精致的砖雕与木雕，那些龙凤、麒麟等吉祥图案和牡丹、月季、芍药、梅花等花卉纹饰令人目不暇接。如果征得寺内人员的允许进入礼拜殿，不要错过顶部的木构八角藻井——状如一把张开的木头巨伞，繁复漂亮。

奔波一日，晚饭得好好犒劳自己。平安驿·河湟印象特色小镇借的是咸阳袁家村的壳，装的可是地地道道的海东风情，最适合旅行者一站式打卡海东美食，一个人来，可以尝尝搅团、洋芋津津等本地小吃，人多的话那就来一桌肉菜满满的土火锅。饭后还可以逛逛怀旧感拉满的小街，在村口舞台前欣赏一场民族歌舞表演，最后打包一盒平安月饼带走，让周末行圆满收梢。

宁夏回族自治区〇固原市

站在固原，你看到的是《山海情》里西海固的荒凉，还是《使至塞上》里"大漠孤烟直，长河落日圆"的壮阔？中原农耕文化和北方游牧文化的长久交会，让这座位于西北腹地的城市得以被厚重的文明滋养。这里的景点不多，若想要了解它，花上两天时间也是可以来一个"走心局"的。

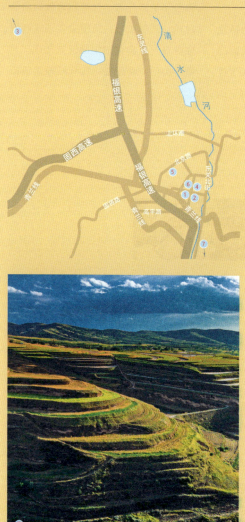

DAY 1
1 马元小笼包→ 2 宁夏固原博物馆→ 3 须弥山石窟→
4 固原古城墙→ 5 马有川机场羊羔肉

 DAY 2
6 东海早市→ 7 六盘山国家森林公园

大 佛 楼

②

固原的早餐当然离不开面食，在酥馍、卷饼等一听就很"大西北"的选择里，还夹杂着小笼包这个给人以温润江南印象的美食。但在固原，小笼包是很有市场的，其中老字号的马元小笼包较为出名，十个一笼的牛肉小笼包只需18元，皮薄馅多，很是顶饱。

吃饱喝足后的第一站，来到原州区的宁夏固原博物馆。

固原地处丝路要道，于是这座博物馆的馆藏文物涵盖了波斯银币、环首附耳铁刀等舶来品，其中的代表——北周李贤夫妇合葬墓中出土的萨珊王朝鎏金银壶、凸钉玻璃碗，与北魏漆棺画一同，组成了镇馆之宝。

此外，馆藏的1万余件文物中还有着123件国家一级文物，上至春秋战国时期的青铜器，繁华如北朝、隋唐时期的丝路文物，文化的多元性在此深植，彰显着固原曾经的辉煌。

文化的脚印还能再往北走。在六盘山的北端真实地存在着一座山，它的名字只在佛经中出现过——"须弥山"。固原市的交通不是很便利，包车前往景区是一个省力又便捷的选择。须弥山景区分为博物馆和须弥山石窟两个部分，须弥山博物馆是国内首个以丝绸之路和佛教石窟艺术为主题的专题博物馆，在参观石窟之前可以先去这里看看。

早在北魏孝文帝太和年间，人们就在须弥山上开凿石窟。在经历了北魏和西魏的营造后，须弥山石窟艺术在北周至隋唐年间繁荣一时。来到须弥山下，顺次游览开凿于唐武则天时期的大佛楼、供养着脚踩仰覆莲花座药师佛的1号窟、拥有现存最豪华北周石窟的圆光寺，以及被称为"须弥

马元小笼包水饺（泰合第二分店）
地址：泰合路泰合嘉园 A 区 4-5 号门面
（阿郎烧烤餐厅旁）
营业时间：6:30---14:00，17:00---20:30

马有川机场羊羔肉（北京路总店）
地址：官厅镇北京路中博嘉天下
（西港航空酒店对面）
营业时间：11:00---21:00

之光"的相国寺北周石窟。

遗憾的是，1920 年的海原大地震使须弥山石窟遭到严重破坏，山顶的石窟也因自然原因风化严重。如今，许多石窟中的佛像造像都在陆续进行转移。在山上看着昔日痕迹被沙土逐渐掩埋，别有一番感叹。

从须弥山石窟回到原州城区，这里还有一段被保护下来的固原古城墙。在城区中，夯土城墙拔地而起，说不

上高大雄伟，却饱经沧桑。围绕着这段古城墙修筑的遗址公园已经建成，不妨在这里散散心，感受落日余晖。

晚上安排一顿羊肉宴，除了手抓羊肉、羊排、羊蹄之外，用香料熬煮出来的羊头也是一绝，适合喜欢猎奇的旅行者尝试。马有川机场羊羔肉收获不少好评，羊羔肉吃起来香嫩软滑，配上一盘小菜解腻，吃完只想再来一次。

趁整个城市还沉浸在睡意之中，起早赶个大集。位于六盘山西路东海园区的东海早市，从生活用品到新鲜蔬果、早餐小吃，一应俱全。

在早市上买一个荞面油圈圈，来一把馓子。特色菜燕面糅糅也能在这里吃到：酸辣酱汁淋在筋道的燕麦面条上，一口吃下去，拌着韭菜的清香，让人神清气爽。

吃罢就可以前往六盘山国家森林公园，感受黄沙变苍绿，去体验"红旗漫卷西风"的六盘山高峰。与去须弥山的交通一样，推荐选择更省心的包车或自驾前往六盘山。

整个森林公园的范围很大，横跨泾源、隆德、原州两县一区，而在夏季，被誉为"绿岛"和"湿岛"的六盘山，是黄土高原上不折不扣的清凉胜境。

进入景区，离入口最近的小南川是众多游人必来光顾的景点之一。这处 3 公里长的峡谷有两条游览路径，比起陆路，水路更受欢迎。你可以沿溪而下、蜿蜒起伏，伴着潺潺水声一路前行，还可以在欣赏流泉飞瀑，或寻找泾河的源头。

此外，据说曾是成吉思汗行军避暑地的凉殿峡，其实是一处高山草甸，还有几座蒙古包应景地出现在这里。靠近出口的野荷谷因夏日野生荷花盛开而得名。生态博物馆和生态植物园则可以凭个人兴趣前往。

景点间可以乘坐摆渡车往来，景区内也有小摊或餐厅提供餐饮。当然，若想充分沉浸在大自然的白噪音中，也可以自备干粮来一场小徒步。

新疆维吾尔自治区○吐鲁番市

Turpan

地处亚欧大陆腹地的吐鲁番有着辉煌的历史，东西方文明在这里交会，特殊的气候条件封存了众多遗迹。不过大家来到吐鲁番，更多的是为了体验一下"火洲"之热，而且天气越热，越觉得不虚此行。

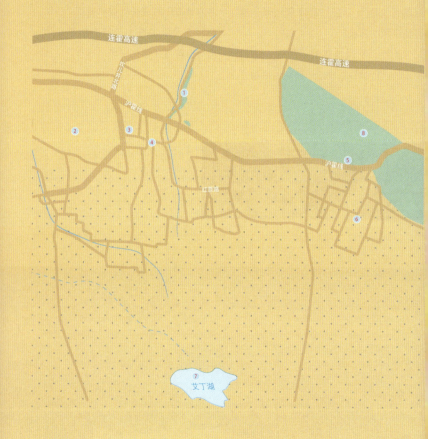

 DAY 1 ┃ ① 葡萄沟→ ② 交河故城→ ③ 坎儿井民俗园→ ④ 吐鲁番博物馆

 DAY 2 ┃ ⑤ 火焰山→ ⑥ 高昌故城→ ⑦ 艾丁湖／⑧ 柏孜克里克千佛洞

DAY 1

① 葡萄沟→ ② 交河故城→ ③ 坎儿井民俗园→ ④ 吐鲁番博物馆

第一天先去葡萄沟 ①。作为吐鲁番唯一的 5A 级景点，葡萄沟本是火焰山下一条南北长约 8 公里的峡谷。从沟口进去，沿途有阿凡提民俗风情园、王洛宾音乐艺术馆、游乐园等景点；头顶错落有致的葡萄架似遮天绿幕，阻挡了暑热，组成景区最经典的画面。每年 8 月的吐鲁番葡萄节期间，葡萄沟中人山人海、木卡姆、麦西来甫等传统活动轮番上演。

随后向西南，前往交河故城 ②。它是古代西域三十六国之一的车师前国的都城，公元前 2 世纪至 5 世纪由车师人开创并建造，在南北朝和唐朝达到鼎盛。目前，交河故城是世界上最大、最古老、保存最好的城市遗址之一，俯瞰形如吐鲁番盆地中停泊的一艘巨轮，颇为震撼。

沿土砖铺成的栈道走进城中，你会惊叹于古人的智慧：迷宫般的巷道，

2

②

> "一条条地下暗渠将天山雪水源源不断地输运至吐鲁番，滋润着土地。"

串联起密密麻麻的民居、官邸和佛寺残垣，注意观察还能发现地下暗房。故城北端是一处大型佛寺遗址，残存的院墙有八九米高，院中有夯土筑成的高大塔柱，四周有佛龛，站在这里完全可以想见当年的盛景。

　　从交河故城游览完向东，有一处坎儿井民俗园。吐鲁番的地表温度可达80℃，年平均降水量仅有16毫米，蒸发量却有3000毫米！于是输送水源的坎儿井被发明出来，成为与长城、大运河齐名的中国古代三项伟大工程之一。吐鲁番的坎儿井目前有1000多条，长度达5000余公里，一条条地下暗渠将天山雪水源源不断地输运至吐鲁番，滋润着土地。

民俗园里保留了开挖于清朝的一段长约 10 公里的坎儿井（不过开放部分没那么长），墙上有关于坎儿井的结构、原理及工具介绍。民俗园门口还有 10 块钱一杯的现榨葡萄汁。坎儿井民俗园北边 4 公里处还有一个坎儿井乐园，提供娱乐项目，适合亲子游。

今日最后去参观吐鲁番博物馆。它几经扩建翻新，新馆于 2009 年 9 月正式开放，是仅次于新疆维吾尔自治区博物馆的全疆第二大博物馆。馆中的干尸陈列厅名气最大，按时间顺序展出了从战国到清朝的十余具干尸及陪葬品。绘有文身的头骨、用木头制成的假肢，以及造型奇特的儿童干尸陶棺等让人眼界大开。

美丽巨犀化石陈列厅则是另一个必到之处，这里展出镇馆之宝——发现于 1993 年铁路修筑工程中的巨犀化石。巨犀大约在 2300 万年前灭绝，是地球上出现过的最大的陆地哺乳动物，体重可达现代犀牛的 8 倍。馆中所藏即为世界上最完整的巨犀骨架化石，极为珍贵。

DAY 2　⑤ 火焰山→ ⑥ 高昌故城→ ⑦ 艾丁湖 / ⑧ 柏孜克里克千佛洞

《西游记》第五十九回，唐僧问一老者所在何处，对方答："敝地唤作火焰山，无春无秋，四季皆热……若过得山，就是铜脑盖，铁身躯，也要化成汁哩。"书中让孙悟空都头疼的火焰山，据说就是吐鲁番的这座火焰山，86 版电视剧《西游记》也曾在此取景。

广义的火焰山是长约 100 公里的山脉，其中最美的一段被围起来建成景区。赤红的山体有巨大的褶皱，在阳光照射下如升腾的火焰般壮丽。夏天，入口处高耸的金箍棒温度计上的数字会蹿至 "80"。

《西游记》人物雕塑分散各处，方便你合影留念。景区内的海拔零米线石碑也值得打卡，最好再尝个火焰山烤鸡蛋（普通鸡蛋 5 元，最贵的鸸鹋蛋要 420 元）。如果还能顶着烈日爬爬山，那就是真正的勇士了。

⑤

⑤

⑥

⑦

从火焰山景区向南驱车约15分钟，便是高昌故城 ⑥。高昌故城是高昌国的国都，历史上曾与玄奘产生过不解之缘。公元7世纪初，高昌国王麹（qū）文泰得知玄奘西行已至哈密，便将他邀请至高昌，奉为上宾。麹文泰是一位虔诚的佛教徒，迫切地想留下玄奘，但玄奘取经之心不为所动。麹文泰深受感动，与玄奘结为兄弟，为他准备

了丰厚物资，并亲修国书给西域各国国王求取关照。多年后玄奘取经归来，又特地取道高昌国，可麹文泰已故去多年。

如今的高昌故城，城门处竖立着玄奘雕像。只见三藏法师左手立掌，右手执法杖，目光坚毅，脚下风驰云走。城背后就是火焰山，在连绵红色山体的映衬下，矗立了两千余年的残垣断

壁依然震撼人心。

向西南驱车约 1 小时，抵达艾丁湖。这里是世界内陆的最低点，海拔 -154.31 米。艾丁湖在维吾尔语里意为"月光湖"，因湖面随水量增减而变换形状，如月亮盈缺而得名。湖面不大，一年里有 9 个月都是干涸期，湖边水草丛生，偶有水鸟飞过。

沿着草丛中的木栈道走上一会儿，就来到一座大理石地球仪雕塑前，几乎每个人都在此停留打卡。雕塑的底座上刻有"世界内陆最低处 -154.31 米"的字样。走到底座另一面，还能发现一行字："世界内陆最低处，精彩人生新起步。"

如果还有时间，不要错过开凿于火焰山山腰之上的柏孜克里克千佛洞。它始建于麴氏高昌时期，曾作为高昌国

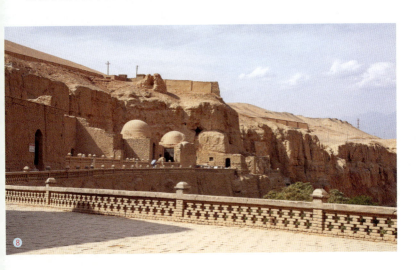

的皇家寺院，称得上是丝绸之路上最漂亮、最重要的石窟之一。可惜在 19 世纪末 20 世纪初，石窟遭受了一众外国探险家的偷盗与破坏，目前已异常残破。石窟带编号的共 83 窟，其中有 40 多个绘有壁画，但仅有 16、17、20、27、31、33、39 这 7 个窟开放。

实际上，在这些开放的石窟里，所见也非常有限。比如 20 号窟为中堂回廊式结构，窟中本来绘有高昌王和王后的供养图壁画，如今只能看到残存的人物足部，大部分都被德国人阿尔伯特·冯·勒柯克盗走。不过仅凭这一点色彩与笔触，也能想见壁画当年的绚丽。

TIPS
①建议花 100 元请讲解；②壁画不允许拍照。

香港特别行政区〇香港岛·九龙 Hong Kong Island · Kowloon

车水马龙、灯红酒绿的香港也有着悠闲一面。你可以选择徜徉在艺术的花园里，或者前往烟火气满溢的市井，即使是在市区，也能沉浸在大自然中。多元的香港带来多样的旅行体验，下个周末，就是属于你的香港时间。

 DAY 1 ① 忠记粥品 / ② 盛记粥面→ ③ 西九文化区→ ④ 九龙公园→ ⑤ 池记云吞面家 / ⑥ 焖记烧味→ ⑦ 讯号山公园→ ⑧ 星光大道

 DAY 2 ⑨ 利东街→ ⑩ 旧湾仔邮政局→ ⑪ 湾仔唐楼→ ⑫ 湾仔自然径→ ⑬ PMQ 元创方

DAY 1 ① 忠记粥品 / ② 盛记粥面→ ③ 西九文化区→ ④ 九龙公园→ ⑤ 池记云吞面家 / ⑥ 炳记烧味→ ⑦ 讯号山公园→ ⑧ 星光大道

广府的"粥粉面饭"传到香港，也在这里扎下了根。清早来一碗粥润润肠胃，成为许多港人的首选。

位于弥敦道文明里的忠记粥品①是出了名的老字号，店里用料满满、价格亲民的生滚及第粥，尤其是猪润这一味食材，在食客心中占据着不可动摇的地位。

也可以前往柯士甸道白加士街，盛记粥面②近来也在食粥榜中榜上有名，用料新鲜上乘，狠狠抓住食客的胃。

吃饱喝足，前往坐落在维多利亚港旁的西九文化区③。作为全球最大的文化项目之一，即使花上一天的时间，也很难将园区内的所有项目一网打尽，但 M+ 博物馆和香港故宫文化博物馆绝对是必去目的地。

一整面幕墙都在播放流动影像的 M+ 博物馆在入馆前就给你极致的视觉享受，馆内目前多个展览精彩纷呈，而流动影像中心、M+ 戏院、M+ 天台花园以及 M+ 大楼内的餐馆和咖啡厅，

⑧

都可以成为 M+ 艺术探险的一部分。

另一处香港故宫文化博物馆则是历史爱好者的天堂。博物馆除了常设展览外，时常会上新特别展览，若是对博物馆的建筑和内部设计有兴趣，朱红的正门、琉璃瓦天花板和西中庭的无敌海景窗，都将是你的绝佳打卡点。

从 M+ 向东，拥有着传奇历史的九龙城寨在 2024 年春天凭着电影《九龙城寨之围城》又火了一把。曾经"三不管"的黑暗时期早已远去，九龙城寨也于 1994 年拆除，原址上建起了九龙公园。

这里是户外观光和市民健身的好去处，你大可买上些鱼蛋、车仔面等经典小吃，在公园的喷泉旁、绿荫下来一次午后野餐，享受喧闹中的宁静一刻。

随后前往乐道，将晚餐餐厅定下。除了主打云吞的池记云吞面家、以烧腊为特色的炳记烧味等粤菜经典餐厅，

忠记粥品（油麻地）
地址：油麻地鸦打街 46-58 号雅宝大厦地下 1 号铺
营业时间：6:00—22:00

炳记烧味
地址：尖沙咀乐道 19 号安顺大厦地下 A 号铺
营业时间：11:30—21:30

池记云吞面家
地址：尖沙咀乐道 52 号
营业时间：周日至周四 11:00—22:00，周五和周六 11:00—23:00

还能尝到如泰浓面 SiamNoodles 等来自世界各地的风味美食，尖沙咀给你提供无限选择。

若还有精力，在前往星光大道之前，登上可以俯瞰维多利亚港的讯号山公园，在小山顶上欣赏晚霞，感受海风拂面。

穿过 K11 便是热门景点星光大道，眼前掠过的一个个带着历史印记的名字，记录下了香港一路以来的繁荣和发展。从东向西走，维多利亚港湾的灯光缓缓亮起，著名的维港夜景就这样呈现在你的眼前。

不要错过天星小轮的夜游，港湾两岸的灯光点亮了香港的深深夜色，让你在疲惫了一天之后，沉浸在东方之珠的浪漫风采之中。

⑧

　　藏在筋道的竹升面下、皮薄馅多的云吞原是广府人的美味，但却是经由香港，使"wonton"一词逐渐被世界所熟知。

　　香港的云吞面绕不过"麦氏"。师祖麦焕池以"池记"在广州起家，移民香港后以家族传承的形式，开办了麦奀记忠记面家、麦文记面家、何洪记粥面、正斗粥面等云吞面家。

　　"麦氏系云吞面"是香港云吞面独有的"米其林指南"，大可在其中选一家，品尝一下"九钱面、四粒云吞、一壳汤"的鲜美。

　　吃饱喝足，适宜去探索湾仔。经利东街开始，体验在一个街区中穿越古今、横贯中西，甚至在一条小小的峡道无缝衔接城市与自然的风趣之旅。

　　利东街的大名或许远远没有它的

别称"囍帖街"令人熟悉。因歌曲《囍帖街》而大火的利东街，如今整改成了一处文化街区，旅行者可以穿过街区，体验"筑起又倒下"的老香港记忆。

随后沿皇后大道经过合和中心，即看到白墙黑瓦的旧湾仔邮政局，隔壁则是湾仔街区彩色唐楼（香港人一般称"二战"前建的房子为唐楼）的代表建筑——"黄屋""蓝屋"和"橙屋"。若想了解唐楼的历史，设置在"蓝屋"的香港故事馆可以成为这段旅途中的额外点缀。

走过湾仔峡道，正式进入被绿荫掩盖住的湾仔自然径。上山路较城区的坡更为陡峭，但因修筑在市中心，因此道路、休憩点等便民设施都更为完善，头顶上的树荫更是使人放松心情。

行走约 20 分钟，就可到达自然径的终点——湾仔峡道休息处，外墙被修葺一新的香港警队博物馆就坐落于此。于 2022 年正式与公众见面的博物馆里陈列着警队成立百余年来相关的历史变迁、制度变化和警备用品，大可花些时间在这里停留一会儿。

下山时沿自然径行至湾坊亭，可以选择右手边的宝云道健身径，去看一眼香港子午线南界石碑。这是前香港皇家天文台于 1883 年在湾仔设立的两块午线界碑之一，两碑中间便是正午 12 点时被太阳直射的香港子午线。

界碑往东，还有一块颇负盛名的姻缘石，通常都是每年七月初七的七姐诞时最热闹，听着就很灵。若对姻缘无兴趣，来这儿一览山下的"石屎森林（摩天大楼聚集处）"也是极好的，城市与自然的相辅相成在这里得到了统一。

运动后来饱餐一顿才是最佳的选择，此时不吃清汤腩更待何时？

清汤腩"汤需清、腩不腻"。用牛骨、药材和牛腩熬出来的汤底十分温润开胃，牛腩则有爽腩、坑腩和崩沙腩三种不同部位：靠近牛肚皮的爽腩富有嚼劲、近排骨的坑腩牛肉味最浓，而横膈膜处肥瘦相间的崩沙腩则最为稀有，十分推荐。

九记牛腩过于火爆，不如前去鹏

九记牛腩
地址：中环歌赋街 21 号地铺（建兴楼）
营业时间：12:30—22:30

哥清汤腩、华姐清汤腩、正九清汤腩等排队时间稍少的店铺，加上一份面更加舒服。

最后再来到连接中环和上环的荷李活道散步消食。摩登时代在这里留下了被时光打磨过后的痕迹，但随着部分老建筑功能的丧失，香港开始了文化建筑"活化"保育工作。

PMQ 元创方所在的白绿色建筑原是中央书院，后改建为华籍佐级警员的已婚宿舍。"保育中环"项目开展后，建筑被恢复原貌，进驻了各式设计工作室，公共空间也成了不时举行活动的潮流根据地。

这里也有着香港目前最大型的古迹保育项目、原为中区警署所在地的大馆（Tai Kwun）。旅行者在此不仅可以听到历史的回响，探索当年的监狱、法院及办公室，更能享受到展览、表演等现代艺术带来的魅力。

13

澳门特别行政区

澳门不大，非常适合步行探索。这里既有岭南文化的底蕴，又浸润了葡式文化。高耸林立的奢华酒店，熙熙攘攘的街边小吃，五彩缤纷的葡式古建，古朴肃穆的传统宫庙……走进澳门，如同步入万花园。跟随这份深入本地的两日行程，一起边走边看吧！

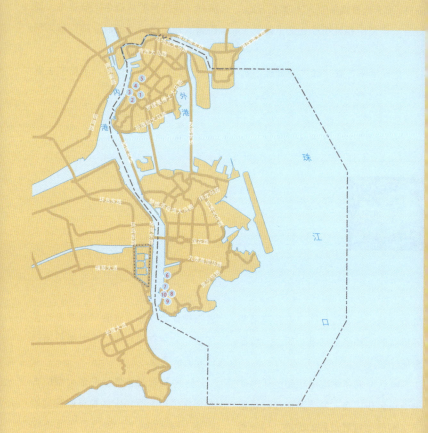

 DAY 1 | ① 议事亭前地→ ② 岗顶前地→ ③ 福隆新街→ ④ 关前街→ ⑤ 茨林围

 DAY 2 | ⑥ 荔枝碗船厂片区→ ⑦ 路环码头→ ⑧ 恩尼斯总统前地→ ⑨ 路环圣方济各圣堂→ ⑩ 十月初五马路

议事亭前地①是位于澳门议事亭（澳门市政厅前身）的城市中心广场。广场中有一座喷水池，水池上方是象征葡萄牙航海远征的天球仪装置，装置上还刻有黄道和赤道铜环，秋分点正对澳门的市政厅大楼。

以喷水池为中心，脚下的碎石路呈波浪状向四周延伸，这片入选《世界文化遗产名录》的历史城区也随之铺展开来。新古典主义白色双层建筑

仁慈堂创立于 1569 年，是亚太地区最早的慈善机构之一；建立于 1784 年的议事亭同样是新古典主义杰作，因多次整修，内部还保留了各个时期的装饰特色。

除了上述两栋地标，广场上还有各种南欧风情的古建筑，鳞次栉比，颜色如马卡龙般柔和梦幻。议事亭前地这片区域有多家药店和化妆品店，适合淘货，还可以去角落里的水果摊

买点新鲜热带水果。

离开人声鼎沸的议事亭前地，向西南侧步行，不久便可抵达安逸宁静的岗顶前地。这里和议事亭前地一样，有一片薄荷绿、奶油黄、天空蓝马卡龙色建筑，并且同为世界文化遗产的一部分。

始建于 1860 年的岗顶剧院格外显眼，它是中国第一座西式剧院，当年落成后，各类音乐、歌舞节目演出不断。剧院为新古典主义希腊复兴风格，外墙以绿色粉刷，再配上墨绿色门窗及红色屋顶，在岗顶前地一片以黄色为主调的建筑物之中，显得鲜明又不失和谐。

岗顶剧院的 276 个座位舒适又宽敞，前厅内高垂的古老水晶吊灯增添了艺术气息。除了岗顶剧院，有高低错落的花园和拱券围墙的何东图书馆、圣奥斯定教堂以及圣若瑟修道院等建筑也让人流连。

随后前往福隆新街，这里曾经秦楼楚馆林立，是保存完整的烟花柳巷，仍有典型的传统中式民宅。如今长条石板路从街头延伸到巷尾，两边建筑的鲜红屋檐、趟栊、通花窗门等旧有风采得以保留，成为澳门最适合步行的街道。

福隆新街还是手信店、老字号遍布的"美食一条街"。街上的新华大旅馆曾是澳门最风光的旅店之一，也是王家卫电影《2046》和彭浩翔电影《伊莎贝拉》的取景地。

你也可以到位于福荣里九号、属澳门文物保护建筑的文化公所看看，这里时常举办沙龙、座谈、戏剧展演等活动，是闹市中的休闲之处。

而后去往关前街，它是大三巴牌坊附近的一条街巷，分为关前正街和关前后街，它的名字源自昔日澳门对外贸易的海关。现在这一片是新兴的文艺街区，走几步就会有卖神香、二手旧物或古董的店铺，更有咖啡馆等供旅行者休憩，且会不定期举办活动与文创市集。

璀璨烟火盛放在澳门夜空，而人间的烟火气则在澳门的围、里之间。围和里是澳门最小层级的街巷，以前多数的澳门居民都聚居在这样邻里关系紧密的社群中。

大三巴牌坊背后的茨林围，有近400年历史，是澳门留存的围村中最大的，横跨高园街，分成南北两段。茨林围17世纪曾是日本天主教徒的聚居村落，如今仿佛与闹市隔绝，里面的居民晒太阳，侍弄花草，安乐自得。

荔枝碗 6 是澳门仅存的保存较为完整的造船工业遗址，反映了昔日城市的发展进程及当时造船业的行业及生活形态。如今片区 X11—X15 化身文化活动空间，将渔村生活、船厂历史、海景风貌有机结合。

现场设有专题展览，"岁月印记"展览诉说着荔枝碗村的故事；"船说故事""匠人船艺""记忆船承"则展示了荔枝碗船厂制造和维修木船的"前世今生"。这里另设特色市集、即兴艺术体验区，你可以喝上一杯汉记手打咖啡，在海边散散步，或者坐在露营椅上晒晒太阳。傍晚来的话，说不定还能赶上免费的音乐演出。

接下来去路环码头 7，它修建于1873 年。在 1974 年嘉乐庇总督大桥落成前，渡轮是离岛居民出入、运输物资的唯一交通工具，所以路环码头成为该岛的出入门户。彼时还有定期渡轮开往内地，因此码头一旁设有海关管理。随着大桥及道路兴建，渡轮班次减少，如今码头仅用作横琴居民来澳门销售农产品的停泊登岸处。

　　路环码头由渡头栈桥、上盖廊道、斜坡头三部分组成，淡黄色的外观简洁朴实。站在码头，便能闻到海产干货的味道，在此选购特产也是不错的选择。

　　同在路环的还有恩尼斯总统前地，它得名自首次到访澳门的葡萄牙总统恩尼斯，比议事亭前地的规模小得多。虽然只是一片绿地广场，却串联了路环旧市区的重要街道。广场上立有可爱的丘比特雕塑，还有一个精致的喷泉，别有韵味。

　　恩尼斯总统前地旁边的路环街市，安静又有生气，小吃店鳞次栉比，餐桌上总有三两杯啤酒或者咖啡，餐桌旁则是前来休闲的居民。

　　路环圣方济各圣堂是很多人钟爱的拍照地。这座巴洛克风格的教堂原址为育婴院，1928 年为纪念耶稣会西班牙传教士改建，并因曾收藏过该传教士的遗骨而闻名。教堂前有一座纪念碑，以纪念当地 1910 年战胜海盗一役。路环圣方济各圣堂有着明黄色的楼体、奶白色的边缘和蓝色的门窗，两层建筑顶部还有钟楼，颇具葡式建筑风格。教堂被葱葱郁郁的榕树荫蔽，夏天可以看周围的荷花，过年则会贴上春联，中西结合，另有风味。

　　另一处出片地是十月初五马路，它保留了浓郁的葡式风格建筑，沿街漫步到船铺前地，治愈系的色彩让人心情明媚。当地的艺术家把往昔路环岛渔村的样子涂鸦上墙，描绘了期待出海家人平安归来的人们，还有扬起红帆的渔船。

　　十月初五马路的路牌是标志性的拍照机位，坐在路牌旁的长椅上可以望到海湾对面的橙色房顶和钟楼，感受海风的轻抚，海边还有静静矗立的棚屋。

台湾省○屏东县

说起台湾南部的旅行地，大多数人会首先想到垦丁。垦丁的具体位置，是在屏东县恒春镇——这两者也分别是台湾最南的县和镇。若计划在屏东过周末，建议在垦丁大街附近选家民宿作为大本营，第一天走西线，第二天走东线，行程可覆盖多处经典景点，且距离都不算远。

 DAY 1 | 1 恒春古城→ 2 海洋生物博物馆→ 3 关山→ 4 垦丁大街夜市

 DAY 2 | 5 船帆石→ 6 鹅銮鼻公园→ 7 台湾最南点碑→ 8 龙磐公园

209

③

离开垦丁大街，首先前往恒春古城。① 古城位于恒春镇中心，建于19世纪70年代，是台湾仅有的完整保存了四道城门的城池。自从2008年上映的电影《海角七号》大火之后，古城的热度便扶摇直上，就连穿着绿色制服的邮差都成了拍摄对象。

游客最多的地方是光明路上的阿嘉的家，其实类似这样的小楼在恒春比比皆是，这栋民宅能爆火着实让当地人始料未及。除了参观这里，南城门、西城门附近的恒春老街上还有不少小吃摊。若是赶上七月十五中元节，还能观赏紧张刺激的"恒春抢孤"（参加者要攀爬十几米高、涂满牛油的柱子去抢夺贡品）。

第二站是海洋生物博物馆，② 馆藏和互动体验都堪称丰富。让人印象深刻的有台湾水域馆里的牡蛎养殖水槽、珊瑚王国馆里80多米长的海底隧道和人气最旺的白鲸池，以及世界水域馆里60多米高的巨大海藻林。

不可不提的是夜宿活动。你得以避开人潮，16点进馆，次日11点离开，夜里睡在海底隧道，或是仰望着海藻林入梦，胆子大的不妨在鲨鱼的注视下钻进被窝。紧接着博物馆有一处后湾渔村，本来平平无奇，后被选为《海角七号》里众人酒足饭饱后吹海风的海滩的拍摄地，如今规划得也不错。

记得查一下日落时间，提前一个小时返程，前往关山。③ 这里海拔约150

米，白天阳光很毒，再加上没什么遮阳处，游人寥寥。可一临近日落时分，山下的停车场立刻就会被私家车、旅游大巴和卖烤肠的小贩车挤满。这是因为，在关山上看日落，已经成为来屏东旅行的一项充满仪式感的活动。居高临下，看着海面被染得金黄，东南是南湾海景，北边是淳朴的渔村风貌，那种气势和在路边看日落完全不是一个等级。注意时间只有短短的十几分钟，可千万别错过！

在山顶静静地发会儿呆，等人群散去，再悠然下山，去垦丁大街夜市大快朵颐。白天，垦丁大街是台26线的主干道。傍晚五六点后，这里就完全变了个样，成为垦丁最热闹的地方，大大小小的餐厅、酒吧、潮流商店亮起霓虹灯招牌，贩卖各式台湾小吃、冷饮、炭烤的摊位鱼贯而出，只给行人留下一条窄窄的过道。节假日期间的人潮更是可能会把你吓到，耳边到处是电音和民歌手的呐喊声，喧嚣声会一直持续到午夜。

TIPS
万峦猪脚和东港三宝
万峦猪脚产自屏东县万峦乡。万峦的每条街上几乎都有卖猪脚的，由此也产生了"谁家才是创始店"的争议。不过对游客来说这反而是好事，激烈的竞争让各家店对待产品质量格外上心。万峦猪脚的特点是韧中带脆，比较有嚼劲，一般搭配蒜泥酱吃。
东港三宝指的是屏东县东港镇出产的三样海产：黑鲔鱼、樱花虾、油鱼子。每年4—6月是"黑鲔鱼观光季"，此时到东港可尽情享用生鱼片、鱼肉丸、鱼肠；樱花虾则只生活在东港和日本静冈县，除用作食材还可制作虾饼等小吃；而油鱼子比更常见的乌鱼子大且厚实，且油鱼尚无法人工养殖，不易吃到。

⑤

　　第二天要去的四个目的地全部在台26线上，往返不过20多公里。这条沿海公路本身就是一条景观大道，所以请一定要放慢车速，任何能停车的地点都是一处风景。骑行出游会收获更佳体验。

　　首先会经过船帆石⑤。这块本属于崖体上的巨石因长期风化而坠入海中，高约18米。不过，想看出它像一艘启航的帆船，你要距离比较远，并且充分发挥想象力才行，显得不是那么名副其实。如果已经来到岸边，近观之下会觉得它特别像一个人的侧脸。果不其然，船帆石的另一个名字正是"尼克松头"——搜一下美国前总统理查德·尼克松的照片就明白了。

　　接下来要去的鹅銮鼻公园⑥是本次周末之旅的重头戏，园内的鹅銮鼻灯塔是台湾的地标性建筑之一。灯塔始建于1883年，高约21米，是台湾发光强度最强的灯塔（亮度约等同于180万支蜡烛）。灯塔旁有个小展览室介绍灯塔历史并展示不少老照片，而灯塔下的回廊则是拍婚纱照的好场所。

除了灯塔，公园内步道纵横交错，还有好汉石、沧海亭、又一村、幽谷等诸多景点，以及以虬榕为代表的200多种植物，每年9月这里又会成为观赏红尾伯劳的胜地。

从鹅銮鼻公园返回台26线，在鹅銮路、坑内路的交会处右拐驶上小路，可抵达"最南点停车场"。接下来的路只能靠步行，穿过一条林荫小径，约10分钟后便来到台湾最南点碑。石碑外观为笋尖和海螺的组合式设计，意为海陆相依。石碑的后方海潮澎湃，巴士海峡与太平洋的海水在那里相遇。

从最南点北上，台26线的风景由巴士海峡换成了太平洋，不到10分钟就来到旅途的终点龙磐公园。由于地层隆起，这里的部分珊瑚礁岩层崩落，形成独特的"崩崖"地形。站在崖边，眼前就是浩瀚无垠的太平洋；回望身后，则是青翠的茫茫大草原。

除了独特的地形，龙磐公园的另一大主角就是"风"。园内风力异常强劲，吹得草木东倒西歪，将这个只由蓝绿两色组成的美丽世界，打造得更加辽阔、空旷。这还是一片远离光污染的纯净之地，如果你能留得更晚些，在这里观星将为旅程画上更圆满的句号。

图书在版编目（CIP）数据

周末小旅行 / 星行客编辑部著. -- 北京 ：中国地
图出版社，2025. 1. -- ISBN 978-7-5204-4494-1

Ⅰ．K928.9

中国国家版本馆 CIP 数据核字第 2024XJ0154 号

项目统筹 ｜ 苏晓
责任编辑 ｜ 刘煜
编　　辑 ｜ 李潇楠　叶思婧　于佳宁　喻乐
文字撰写 ｜ 湘宁　休达　陈诗阳　阿 K　小欠　齐屿　刀哥等
地图编辑 ｜ 田越
版式设计 ｜ 李承泽
排　　版 ｜ 李承泽　北京梧桐影电脑科技有限公司
责任印制 ｜ 苑志强

周末小旅行
ZHOUMO XIAO LÜXING

出版发行　　中国地图出版社
社　　址　　北京市西城区白纸坊西街 3 号
邮政编码　　100054
网　　址　　www.sinomaps.com
印　　刷　　北京华联印刷有限公司
经　　销　　新华书店
成品规格　　197mm × 128mm
印　　张　　6.75
版　　次　　2025 年 1 月第 1 版
印　　次　　2025 年 1 月北京第 1 次印刷
定　　价　　69 元
书　　号　　ISBN 978-7-5204-4494-1
审 图 号　　GS 京（2024）1938 号

咨询电话：010-83495072（编辑），010-83543933（印装），010-83543958（销售）
本书图片由视觉中国提供。

152

贵州省 六盘水市　乌蒙大草原

212

133